东华大学旭日工商管理学院
创新创业教育系列教材建设委员会

主　任：沈　蕾　宋福根
委　员：董平军　顾庆良　刘峰涛
　　　　林文伟　李　勇　秦泽峰
　　　　田增瑞　许为民　张　丹
秘书长：李　勇（兼）

沈 蕾 宋福根 总主编

企业家和创新创业精神
Entrepreneur & Entrepreneurship

顾庆良 著

北京大学出版社
PEKING UNIVERSITY PRESS

图书在版编目(CIP)数据

企业家和创新创业精神/顾庆良著. —北京:北京大学出版社,2016.5
ISBN 978-7-301-27106-3

Ⅰ. ①创⋯　Ⅱ. ①顾⋯　Ⅲ. ①大学生—创造教育　Ⅳ. ①G640

中国版本图书馆 CIP 数据核字(2016)第 099412 号

书　　　名	企业家和创新创业精神
	Qiyejia he Chuangxin Chuangye Jingshen
著作责任者	顾庆良　著
策 划 编 辑	杨丽明
责 任 编 辑	朱梅全　朱　彦
标 准 书 号	ISBN 978-7-301-27106-3
出 版 发 行	北京大学出版社
地　　　址	北京市海淀区成府路 205 号　100871
网　　　址	http://www.pup.cn
电 子 邮 箱	zpup@pup.cn
新 浪 微 博	@北京大学出版社
电　　　话	邮购部 62752015　发行部 62750672　编辑部 021-62071998
印 刷 者	河北滦县鑫华书刊印刷厂
经 销 者	新华书店
	730 毫米×980 毫米　16 开本　15.25 印张　168 千字
	2016 年 5 月第 1 版　2024 年 7 月第 3 次印刷
定　　　价	59.00 元

未经许可,不得以任何方式复制或抄袭本书之部分或全部内容。
版权所有,侵权必究
举报电话:010-62752024　电子邮箱:fd@pup.cn
图书如有印装质量问题,请与出版部联系,电话:010-62756370

企业家和创新创业精神

总　序

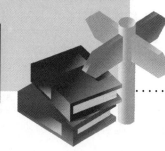

2010年5月,教育部在《关于大力推进高等学校创新创业教育和大学生自主创业工作的意见》中指出:"在高等学校开展创新创业教育,积极鼓励高校学生自主创业,是教育系统深入学习实践科学发展观,服务于创新型国家建设的重大战略举措;是深化高等教育教学改革,培养学生创新精神和实践能力的重要途径;是落实以创业带动就业,促进高校毕业生充分就业的重要措施。"2012年8月,教育部办公厅公布《普通本科学校创业教育教学基本要求(试行)》,将"创业基础"纳入本科必修课程。2015年3月,国务院办公厅发布的《关于发展众创空间推进大众创新创业的指导意见》提出:"鼓励高校开发开设创新创业教育课程,建立健全大学生创业指导服务专门机构,加强大学生创业培训,整合发展国家和省级高校毕业生就业创业基金,为大学生创业提供场所、公共服务和资金支持,以创业带动就业。"

"大众创业、万众创新"在写入政府工作报告的同时,也正式升级为中国经济增长的"双引擎"之一。

本套教材旨在推进"双创",满足高校创新创业教育教学与实践的需求,力图涵盖与创新创业相关的知识领域,主要内容包含创新创业的基础知识和基本理论、创业的基本流程和基本方法,涉及创业者、创新创业精神、创业团队、创业机会、创业资源、创业计划、创业风险管理、创业投资、创业财务管理、政策法规、创业文化以及互联网创业的理论和方法。

本套教材包括《创业基础》《创业管理》《企业家和创新创业精神》《创业实验》《创业投资》《创业法律基础》《创业财务管理》《创业互联网》《创业风险管理》《创业文化》等。本套教材的特点有二:一是在理论论述的基础上,加入大量的创业故事和案例并配以习题;二是对中国大学生创新创业实践进行介绍。

本套教材由沈蕾和宋福根教授总负责,李勇牵头组织。参与教材编写的有董平军、顾庆良、刘峰涛、林文伟、李勇、秦泽峰、田增瑞、许为民、张丹等。

企业家和
创新创业精神

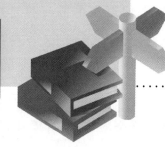

序

中国经济借助全球化的浪潮,近年取得快速的增长。但是,2015年,经济增速趋缓,企业经营难度加大,各种矛盾在释放,昭示着中国经济即将发生难以预料的剧烈变革。一方面,国家需要对存量、过剩产能、"僵尸企业"做减法。在实体经济"严冬"中的企业老板,尤其是过去做代工的企业老板,有的选择"跑路",有的艰难地挺住,摸索着转向升级之路。另一方面,国家需要激发新的增长活力。遍地开花的新孵化器和创业园以及激励创新创业的政策,正在燃起新一代企业家的激情,而胆识驱赶理性,躁动不安也一直存在。

"供给侧改革"需要鼓励企业家精神。什么是企业家精神?庆良老师这本书的出版适逢其时。好书!它将人们对企业家精神的碎片化认知整合了起来,把创新创业精神的精髓展现在读者面前,它描绘了大量精彩的案例。它是大学教材,也是社会急需的通俗读物。

企业家和创新创业精神

什么是企业家精神?这个问题在中国回答起来并不那么轻松。在本书将要面世之际,那些天生有坏的潜能,又与腐败官员勾结而钻空子赚快钱的企业家入狱的话题再度升温。企业家发现新的商业机会,制订商业计划,获得人力、财力和其他必需的资源,并负责企业的成败。企业家有冒险精神,有提供或借贷资金的能力,有管理能力,有创新精神。但是,这还不够,最重要的是,企业家要积极承担经济责任和社会责任。什么是企业家供给的制度环境?这个问题也摆在中国面前,因为制度环境既会对地区企业家产生积极影响,也可能产生消极影响。

庆良老师希望我给本书作序。其实,我既没有他这样十余年讲授创业学、指导学生创业以及给企业做咨询的经历,又与他一样没有创业实践经验,本来是没有资格作这篇序的。但是,我还是高兴地应允下来,因为这本书的内容也是我在近三十年教学和科研中一直关注的,只是视角不尽相同而已。在序文中表达我的一些观点,或许能对庆良老师的教材作一些补充。

中国的创新和创业政策不是权宜之计,而是创新驱动、增强国力的新举措。为此,理解企业家和创新创业精神还需要更加长远的眼光。我准备为本书作三点补充论述:第一,创业是地方现象;第二,企业家只有在创业生态系统中才能茁壮成长,对于高新技术产业的企业家来说尤其如此;第三,一些地方有可能打开区位机会的窗口,在积累专业化知识和技术的基础上,营造创业生态系统,从而使精英企业家辈出。

第一点,创业是一种地方现象。由于新创公司对于解决就业和创造财富可能是关键因素,所以政策制定者越来越重视企业家。然而,企业家对不同地方的贡献大不相同,新公司的数目在不同地方也不同,甚至在一地比另一地多出几倍。新公司往往诞生在创始人成长和生活的地方,因此创业是一种地方现象。在英文文献中,经常可以看到这类句子:Entrepreneurship is mostly a local phenomenon. Entrepreneurship is in a specific context.

企业家的空间分布高度不均衡。地区企业家的密度取决于该地的经济结构和社会价值系统。当某地具有雄厚的经济基础、多样化的经济结构、各种类型的企业构成、良好的基础设施、充足的劳动力供应、政府对新企业的激励政策时,本地企业家会涌现出来,进一步吸引外地企业家。相反,当一地十分落后、保守,缺乏经济基础,就会缺乏企业家。增加企业家密度的政策重点在于创造良好的企业家氛围(又称"企业家气候",entrepreneur climate),它涉及社会的价值系统,包括对科学和技术、经济和社会、冒险精神的态度。政策虽不能创造企业家,但可以通过对本地教育长期投资,培养企业家;通过提供风险资本,鼓励企业家留在本地;通过建立孵化器设施,降低创业难度,把企业家集中到一起。政府的税收、法规、管理条例、尊重技术人才等政策,都会影响到企业家密度。

创新不分年龄大小和资历高低,正如本书所述,创新性产品也不一定是高技术的。但是,我还要强调,知识和技术瞬息万变,高技术企业是全球知识经济的原动力。发达国家的很多城市都把鼓励高技术企业的繁衍列为重要的政策措施。研究性大学和科研机构可以成为精英企业家的孵化器。综观世界全图,凡是经济繁荣的地区,一般都有几所优秀的大学或科研院所积极参与当地的经济活动。大学提供了技术人才,这些人才可能成为企业家。但是,研究开发与经济增长并不是必然共生的,只有当大学采取适当的教育体制,与产业密切联系,引导科研成果产业化,才能源源不断地繁衍出新企业。

企业家能力也是一种地方现象,它不能像信息那样容易很快地从一地传递到另一地。中国改革开放以来,一些城市形成了新的价值观,一些园区建立了新的管理体制,大大增强了企业家密度。很多在旧体制下工作的有潜力的人才冲破束缚,到新区去建立新企业,发挥才能,实现自己的价值。企业家氛围的逐步形成,是这些地方经济发展的重要保证。例如,深圳虽然没有一流大学,但是集中出现了一批创新型企业,如腾讯、华为、中兴、大疆、迈瑞、华大基因、大族激光、怡亚通等,它们在中国甚至世界的技术创新领域有着卓越的贡献。

地方经济发展的未来取决于该地政府对企业家和创新型企业的支持力。建立孵化器的目的,是为企业家的成长优化环境,加速企业的衍生活动。在成熟企业的发展过程中,也常常衍生出新企业,它们开辟的市场往往是老企业所忽略的市场。

第二点,关于创业生态系统(entrepreneurial eco-system)。经历了2008年的经济衰退和持久的低速增长期,发达国家对创业公司予以关注的同时,越来越重视创业生态系统的发展。研究表明,分离的单一要素难以解释可持续的创业精神是如何形成的。在硅谷、波士顿、多伦多、柏林、伦敦、斯德哥尔摩、特拉维夫等有大量新创企业的城市和地区,有很多很强的促进创业的要素,而且通常同步进化,形成了创业生态系统。尽管政府对发展创业生态系统的能力有限,但欲将培养更多的企业家作为经济政策的一部分,必须同时加强这些要素。

地方环境会影响创新和创业机会。2010年7月,《哈佛商学评论》发表了巴布森学院创业学教授伊森伯格(Daniel Isenberg)题为《如何开始创业革命》(How to Start an Entrepreneurial Revolution)一文。文中论述了有利于企业家茁壮成长的环境。他基于世界各地的范例，提出"创业生态系统"的概念，这是企业能够获得成功的网络环境。在创业生态系统中，企业家有机会获得所需要的人力、财力和专业资源，并在企业运营中得到政府的政策激励和保护。

进一步说，创业生态系统是对创业精神有实际或潜在兴趣的利益相关者的网络。除企业家外，还可能包括政府、大学、科研机构、投资者、银行、律师、社会领袖、私人基金会和国际援助机构等。这些利益相关者可以在企业发展、融资、市场分析、营销、基础设施建设、人力资本管理、法律支持、财务会计管理等方面进行探索，寻求规模经济的灵活性和强大的创业动力，而每个参与的初创者则着力于研发、产品管理、销售、售前和售后支持。判断创业生态系统是否健康的关键是能够降低官僚的创新障碍，有支持创业者独特需求的政策，有相对自由、容忍失败的氛围，有金融机构参与等等。

在发达国家，一些有名的创新集群位于大的研究型大学附近，政府在这些集群地区继续刺激创新和鼓励创业精神，因此企业家不断繁衍。在这样的情形下，创业生态系统一般指的是专注于企业家发展和基于知识产权的大学层面的研究与开发商业化项目。2015年12月1日，加拿大多伦多大学校长梅瑞克·格特勒(Meric Gertler)教授在加拿大驻华大使馆所做的报告中出示了一幅世界独角兽公司(unicorn)分布图，他将独角兽公司定义为价值10亿美元以上的新创公司。这些公司数量少且高度聚集。分布图显示，只有少数城市和地区可以拥有四个以上的独角兽公司，即旧金山/硅谷地区、洛杉矶、纽约、伦敦、斯德哥尔摩、柏林、特拉维夫、北京以及包括杭州的上海周边地区。

格特勒教授还指出，在高度全球化的生产体系和供应链中，要关注那些难以被他人复制的有竞争优势的经济活动。另外，创新政策要鼓励企业投资于研发领域。当企业投资于研究和开发活动时，会增强该地区吸收和利用知识的能力，还能帮助本地的大学和研究机构培养具有创造力的高素质人才。由科学家、企业家、风险投资家所组成的生态系统能够使科技研究转变为经济繁荣。

第三点，打开区位机会的窗口。随着城市和地区之间联结成本的降低，产业经济活动的分散和聚集在全球范围内同步发生。一些国家或地区聚集了技术创新活动和高附加值的生产活动，另一些国家或地区则聚集了物质产品生产的低附加值活动，其研究和开发往往不在本地。在全球经济增速下滑时，中国出现了生产工厂关闭或迁移现象，有些城市和地区走向衰退或实施转型。哪里能够打开区位机会的窗口，涌现出企业家群体，尤其是精英企业家群体，不取决于创业园和孵化器的硬件设施和政府鼓励创业的口号，而取决于长期投资于教育与研究和开发活动。

这些精英企业家是经过专业训练、掌握专门技能、具有高水平的专业知识和特殊素质的社会群体，他们能在现有知识库中发现新思想并引入经济生活。目前，中国的精英企业家很多都是"海归"。为了提高企业家密度和扩展企业家网络，需要发挥研究型大学和职业教育的作用。大学生不仅要知道创业和创新精神，而且要努力学习创业和创新的技术本领。从要素提供来看，产业创新和升级能力取决于与该产业相关的专业水平，以及产学研结合的程度。其关键在于投资于研究和开发活动，培育本地专有要素,发展世界一流的有特色的专业。地方大学更应密切关注本地产业发展的专业性知识需求。不久的将来,新一代的企业家会更多地从中国的一流大学中涌现出来,这些大学的一流专业所在的地理区位周边会有新公司集聚,形成世界一流的创新集群。

创业是城市和地区发展的源泉。经济发展的标志之一是持续不断地繁衍企业,培育下一代有竞争力的企业家,有无足够的本地企业家是地区发展的根本问题。创新是企业家的生命,只有创新才能扩大内需、促进出口,市场要适应人类无止境的变化需求。中国的城市和地区要真正获得经济增长,必须尽快尽可能多地研发并生产出创新性产品和提供创新性服务。由于中国的市场规制还不够完善,改革尚待深入,在企业家和创新创业精神的教育中,制度创新和营造创业生态环境仍然是学生需要认识的重要问题。

2016年,中国经济转型的阵痛在所难免,但是随着创业创新的蓬勃兴起,内生动力增强,相信很多积极变化还会逐步显现。希望在传统产业中顽强拼搏的老一代企业家与充满激情的新一代企业家加强交流,携手共进,共同创造更多的新产业、新业态、新模式,使中国能成功地由低成本驱动的外生增长道路转向创新驱动的内生发展道路上来。

庆良老师比我小三岁,我们是同一个时代成长起来的,我和他共同的特点是抱着爱国之心,不断学习,刻苦认真和务实地做学问。他在给我的信中谦虚地写道:"虽然我的视域有限,观点有误差,但我在学。我是在认真地做,在认真地讨论……"产业集群与区域发展国际学术会议举行了十四届,他不仅主持了第四届,而且每届必到,这足以说明他的坚

企业家和创新创业精神

持与认真。我认识他十年有余,他是桃李满天下的资深教授,是我敬佩的中国纺织服装行业的著名专家。作为他多年教学经验的结晶,本书的出版也是他对中国经济转型和升级的重要贡献。希望读者能从书中汲取丰富的营养,投身到经济大潮中去实践,去奋斗。

2015.12

企业家和
创新创业精神

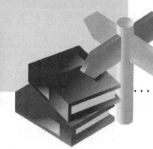

目　录

第 1 章　绪论：创新创业的新时代 …………… 001
　1.1　改革创新的新时代 ………………… 003
　1.2　工业文明中创新的力量和企业家的历史
　　　角色 …………………………………… 012
　1.3　时代呼唤企业家和企业家精神 ……… 016
　1.4　大学的职责和创新创业教育的任务 …… 017
　1.5　本书的结构 ………………………… 021

第 2 章　企业家与企业家经济 ……………… 023
　2.1　历史的隐喻：柯达与苹果 …………… 025
　2.2　企业家和企业家精神 ……………… 029
　2.3　企业家和经济学 …………………… 037
　2.4　企业家群体和企业家经济 ………… 040
　2.5　企业家经济的定义 ………………… 042
　2.6　移动互联网时代的企业家经济 …… 043

第3章 创新时代的范式革命：从常态、反常态到新常态 ………… 047
3.1 关于企业家的理论与实践 ………… 049
3.2 范式革命和创新发展 ………… 051
3.3 范式革命和时代变革 ………… 053
3.4 范式革命和创新 ………… 061
3.5 企业家：非常态下的颠覆者和新常态下的创新者 ………… 063

第4章 企业家精神之一：企业家哲学与创新思辨 ………… 065
4.1 企业家的人生观、世界观和哲学观 ………… 068
4.2 企业家的创新思辨能力 ………… 071
4.3 两难与悖反——智慧的试金石和创新之源 ………… 073
4.4 两难与悖反的解法：创新思辨 ………… 079
4.5 企业家的创新思辨与实践 ………… 082

第5章 企业家精神之二：创新精神及创新能力 ………… 085
5.1 创造、发明和创新 ………… 088
5.2 创新的本质：要素的新组合 ………… 089
5.3 常规性创新和突破性创新 ………… 097
5.4 原发创新和模仿创新 ………… 100
5.5 自主创新、协同创新和集成创新 ………… 103
5.6 企业家创新精神和创造力 ………… 105
5.7 企业家创新源泉 ………… 107
5.8 跨界创新 ………… 111

第6章 企业家精神之三：创业精神及商业模式创新 ……… 115
6.1 创新型创业的本质和企业家角色 ……… 118
6.2 创业之初：对创新的警觉和对市场机会的敏感 ……… 123
6.3 从创新到创业的窗口期 ……… 125
6.4 商业模式的创新 ……… 128

第7章 企业家精神之四：创新与创业——冒险精神与决断力 ……… 139
7.1 创新型创业的不确定性与风险 ……… 142
7.2 企业家的冒险与探索精神 ……… 145
7.3 企业家"柔"道 ……… 148

第8章 企业家成长环境和企业家文化 ……… 151
8.1 企业家成长的历史条件 ……… 154
8.2 企业家成长和企业家经济发展的文化因素 ……… 161
8.3 创业者文化和企业家的文化特质 ……… 170
8.4 营造中国创新环境和企业家文化 ……… 173

第9章 创新训练：磨砺心智 ……… 179
9.1 创新的原点 ……… 181
9.2 创新思辨训练 ……… 184
9.3 创新和创意之源 ……… 188

第 10 章　企业家精神与能力：创业计划与实践 ………… 195
　10.1　创新型创业项目的特点和基本要素 ………… 198
　10.2　创业计划的内容和结构 ………… 200
　10.3　创业计划的评判与自我诊断 ………… 203
　10.4　创业计划书的格式和表达技巧 ………… 207
　10.5　创业计划与实例 ………… 209

第 11 章　新产业革命和新时代企业家精神 ………… 217
　11.1　新科学思想下企业家的世界观 ………… 219
　11.2　"移动互联网＋"和企业家思想 ………… 220
　11.3　从企业家到社会企业家 ………… 222
　11.4　技术范式的颠覆性革命——企业家的创财源泉 ………… 224
　11.5　国际化企业家的空间 ………… 225

参考读物 ………… 227

后记 ………… 229

企业家和
创新创业精神

第 1 章

绪论：创新创业的新时代

第1章 绪论：创新创业的新时代

为什么经济发展不像树木的成长那样均匀地前进,而是跳跃式地前进？为什么表现出特有的上升和下降？

为什么企业家不是连续地出现,而只是在每一适当的间隔内出现,而且是成群地出现？

企业家成群出现是繁荣产生的唯一原因。

——约瑟夫·熊彼特:《经济周期循环论》

1.1 改革创新的新时代

1.1.1 动荡的世界与未知的时代

在第二次工业革命前夜,伟大的英国作家狄更斯在《双城记》中对动荡的社会有一段深刻的描述:"那是最美好的时代,那是最糟糕的时代。那是智慧的年头,那是愚昧的年头;那是信仰的时期,那是怀疑的时期;那是光明的季节,那是黑暗的季节;那是希望的春天,那是失望的冬天;我们全都在直奔天堂,我们全都在直奔相反的方向——简而言之,那时跟现在非常相像,某些最喧嚣的权威坚持要用形容词的最高级来形容它。说它好,是最高级的;说它不好,也是最高级的。"

我们所处的这个时代已经与那个时代的血腥、暴力和赤裸裸的丑恶渐行渐远,世界更进步,前景更好、更光明,也更困惑、更迷茫,挑战不少,而机遇更多。

退学的乔布斯和扎克伯格可以改变一个产业而成为巨富,一些出身名校的大学生却就业无门。

马云刚走上社会时受尽鄙视,在创业二十多年后却成为纳斯达克IPO第一大单,在移动互联网行业指点江山。

第二次工业革命中崛起的柯达历经一百三十多年的辉煌后轰然倒下,百年汽车城底特律破产,诺基亚靠长期技术创新轻易打败摩托罗拉,之后被智能手机打倒,而小米只用了五年就成为行业巨头,"小虾米"超越了恐龙级企业。

科技进步使人类的财富急剧增长,社会矛盾以及人类与自然的冲突也日益严重,贫富差距更加突出。

中国经济总量已居世界第二,人均收入已达到中等收入水平,但还有最大的贫困人群,消费倾向反而低迷。

财富榜在不断更新,草根平民也在分化,中国部分农民仍在用水牛犁地,追风逐潮者已在实践创新梦想;一部分年轻人沉迷于追星,或沉溺,或颓废,另一部分年轻人已在脚踏实地创造自己的事业,脚踩"风火轮",成为新星。

对这些矛盾的现象和反常的事实的认识将重塑我们的思想,而思想将决定我们的作为。

1.1.2 世界正处于一个新的时代

二百五十多年前,以瓦特蒸汽机的应用(1763年)和珍妮纺纱机的发明(1764年)为标志,拉开了工业文明的序幕,纺织成为工业化与城镇化的跳板。资本的力量将土地、劳动力等要素重组,科学与工匠技术结合,创造新的生产方式,极大地提高了生产力,数十倍地释放出经济活力,以人类历史上从未有过的速度创造出超过人类之前累积的财富。英国依靠资本的力量成为领导世界一百多年的"日不落帝国"。

一百多年前,自由资本主义陷入困境,社会产品剩余造成经济失衡和社会冲突,资本威权遭到挑战,马克思在《共产党宣言》(1848年)中提出著名的命题:若没有生产方式的革命,并通过其改革生产关系乃至社会关系,资本主义就不能存在。19世纪末20世纪初,一系列在内燃机、电力、电话与电报通信等方面的发明开启了工业文明第二个创新爆发期,催生了第二次工业革命。福特标准化生产线和"工资倍增计划"等管理创新实践,使资本与劳动等要素活力迸发,使财富源泉涌流,开企业家思想之先河。由此,工业文明进入"美国世纪"。

20世纪中期,以半导体材料、集成电路和数字化技术为基础的电子计算机和通信革命将世界推进信息化新经济时代,以硅谷为代表的创新集群孕育出大批中小微创新企业,被德鲁克称为"企业家经济",成为经济可持续增长的助推器和社会稳定发展的缓冲器。美国借助这股创新创业的企业家力量,继续领导全球。

当前,科学革命拓展了人类在宏观和微观世界的视野和认识深度,指导材料、生物工程、数字化技术的创新,引发新一轮的创新浪潮,德国

企业家和创新创业精神

等先进强国已启动并实践"工业4.0版"。移动互联网更是全方位颠覆了生产方式、生产关系与社会关系,进而从根本上改变了人类生活方式、生存方式和经济社会发展模式,一个创新新时代已经来临。

回顾现代工业文明发展史,不难发现,历史并不是自然平和发展的,每一次工业革命都因为原有的生产方式落后于社会的需求,原有的社会体系和制度阻碍了生产力的提高,导致社会与经济发展陷入困境,遇到了瓶颈。

示例1-1 福特革命

1913年,福特创造性地将标准化流水线引入底特律高地园(Highland Park)的汽车生产,极大提高了汽车生产效率和品质。

然而,流水线上单调的动作和高强度的工作负荷(如卓别林的《摩登时代》所讽刺的),使得工人没有积极性,流动率达每年370%,导致工作质量与效率下降。

1914年,福特出人意料地提出了"工资倍增计划",把小时工资加倍,使日工作时间减少,将单班制改为两班制,减少了工作负荷,提高了就业。为此,福特拿出1/3的总利润作为"工资倍增计划"的投入。这使许多人难以理解。然而,福特的管理革命使工人流动率降到每年17%,生产效率与品质大大改善,而就业和工资的提高使购买力增加,汽车销量提高,单价下降,公司利润不仅不减,反而翻番。

福特通过技术创新加上管理创新创造了奇迹,颠覆了产业,也实践了"福利经济"的思想。不过,五十多年后,日本丰田由于采取精益管理措施,超越了福特。整整一百年后的2013年,汽车城底特律破产。

巧合的是,丰田的一款SUV就叫"汉兰达"(Highlander)。

第一次工业革命过去一百多年后,自由资本主义的模式不仅造成劳资对立,贫富差距和社会矛盾扩大,实际上也给资本家本身挖了一个大陷阱。社会产品过剩,不仅意味着社会不公,更是不可克服的供需失衡,多数劳动者无钱、无力消费,市场失去原动力,经济车轮陷入泥潭,于是引发了第二次工业革命。新技术创新推进了生产率,更重要的是"福利经济"的思想"教训"了资本威权,改善了社会福利分配,至少部分释放了劳动的活力,从而提升了更多人的需求和消费能力,扭转了供需关系失衡。

20世纪上半叶,人类经历了第一、二次世界大战之灾,有过一段战后重建和经济发展期,然后接踵而来的能源危机、频繁的经济危机和市场萧条(大约十年一次)、种族歧视、宗教冲突、局部战争和冷战、不断扩大的贫富国别差距,冲击着世界和平与经济发展。

同一时期,半导体和激光等科学进展及其引发的计算机和数字化革命,颠覆了生产技术,改变了"大鱼吃小鱼,小鱼吃虾米"的链式生态和弱肉强食的丛林法则,拓展了新的市场领域,开发了大量数字化产品,创造了新的物质与精神文明,计算机和个人电脑在更广泛的领域得到应用,新型工业化国家开始崛起,形成了多极发展的世界格局。

尤其是基于大规模集成电路(IC)和激光及光纤技术,电子计算机和智能装置进一步扩大产业和市场,又一次改变了生产方式和生活方式,为互联网时代打下了基础。其中,日本依靠模仿创新,在冷战中傍着巨人而崛起,被德鲁克称为"世界一个半企业家经济中的半个"。

当前,全球面临前所未有的尖锐矛盾,气候变暖、环境恶化、贫富差距加大,局部冲突不断甚至加剧,恐怖主义事件频发,人道主义危机加剧了国际社会矛盾,欠发达国家、发展中国家和发达国家各有各的问题,还要应对人类共同的挑战,全球性经济危机在影响面和涉及深度上都是前所未有的,这些仅靠传统资本力量和早期工业文明的竞争手段已无法解决。

资本在无限供给的劳动力面前可以主宰一切的时代已经过去,在无限的数字化力量面前,智力创意展现出无限的主导力。人类期待着新的技术、管理、经济和社会发展模式的创新,跳出困境,寻找新一轮经济增长的契机,实现经济振兴和可持续发展。

这个创新时代已经到来。

移动互联网作为重要的生产和商业流通技术,不仅创造了大量前所未有的产品及市场需求,改变了市场网络、产业关系,更改变了全社会的关系。这种价值网络新形态,使生产要素和资源的定义和范围扩大了,使经济活动的时空变为无限,使原先的财富之汇变为生财之源,使边际收益递增甚至倍增成为可能。在这种新的时代形势下,过去需要数十年甚至上百年创造的财富可以在几年甚至几个月就被创造出来,十几年前还是身无分文的创业者如今可以站上产业的顶峰。

示例1-2 阿里巴巴的神话

1999年9月,马云带领下的18位创始人在杭州的公寓中正式成立了阿里巴巴集团。2007年11月6日,阿里巴巴在香港上市。当年18个人50万元资金的网络小作坊,8年之后变成了世界上最大的B2B商业网站；当年西湖里随波逐流的小舢板，8年之后变成了太平洋里的一艘互联网航空母舰；当年那个普通的英语老师，8年之后变成了世界级的网络公司掌门人，变成了纵横网络江湖的大侠。

2004年2月，阿里巴巴集团从数家一线投资机构融资8200万美元，成为当时中国互联网届最大规模的私募融资。阿里巴巴集团2003年创立购物网站"淘宝网"；2004年推出第三方网上支付平台"支付宝"；2008年创立"天猫"，提供优质网购体验；2009年创立"阿里云"；2010年3月推出"聚划算"；2010年4月创立"全球速卖通"，是为全球消费者而设的零售市场；2014年9月19日在纽约交易所挂牌上市，是有史以来最大的一宗IPO，首日市值即超过美国社交网络巨头Facebook，同时也超过了亚马逊与eBay的总和，成为仅次于谷歌的全球第二大网络公司。如今，阿里巴巴集团的业务涵盖了电子商务、金融、O2O、教育、旅游、物流等各个领域，全球化的进程也在加速，小人物实现了"芝麻开门"的神话。

1.1.3　中国处在一个改革创新时代

中国有优秀的文明传承，中国人以其聪明才智贡献于世界文明进步，四大发明影响了世界的发展历史。技术上的创新能力，使中国在过去两千多年历史中的大部分时期，经济总量占世界第一。丝绸之路将这些技艺和产品输向世界，也通过海上和陆上进行经济和文化的交流，开放、包容与和平的交流促进了中国和世界的文明进步。但是，18世纪末期，当第一次工业革命在西方发生时，清政府却执行闭关锁国、压制改革的政策而开始走向衰败;在第二次工业革命初期,更是下滑到谷底,在1894年甲午战争中被明治维新二十多年后的日本打败。

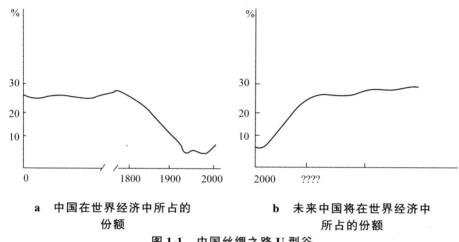

  a 中国在世界经济中所占的份额   b 未来中国将在世界经济中所占的份额

图 1-1 中国丝绸之路 U 型谷

注:摘自洪平凡在江南大学校庆时所作的报告。

  中国真正意义上的工业化发生在新中国成立之后,而改革开放三十多年是中国经济发展的黄金期。创新主导了中国经济社会发展,中国已成为世界第二大经济体。中国依靠后发优势,学习借鉴其他国家尤其是发达国家的先进技术、经验以及教训,立足本国情况,坚持走自己的路,"强国梦"正在一步步实现。

  新产业革命浪潮不可阻挡地推动着技术进步,全球化给了中国更广阔的视野、市场和发展空间,世界科技新发展缩短了中国发展的路径,中国人直接跨入又一轮创新爆发期,同时面临着新的转型挑战。中国能否抓住这一次机遇?

示例1-3 时代新纪元——礼仪之变

第一次工业革命发生时正值乾隆盛世。1793年,如旭日初升的大英帝国遣使马戛尔尼(Macartney)出访中国,遭到冷遇。中国丧失了世界给予的最后一个机会,大清帝国从盛极走向衰败,从经济总量占世界第一降到5%之下。经历了两次鸦片战争和1894年的甲午战争,中国落到了极其糟糕的境地。工业革命100年后,1876年(光绪二年),清廷遣郭嵩焘出使英国,已是乾坤颠倒。

今天,中国已成为世界第二大经济体。当两个大国再次相遇时,今非昔比。更重要的是,中国的持续发展不仅是规模,更在高端制造如核能、高铁和移动互联网等创新领域迅速发展。英国除了继续保持在金融与高科技领域的领先地位外,其文化创意产业也处在全球之首,曼彻斯特、利兹都是创意之城设计中心;伦敦是信息产业中心,已不再是蒸汽加雾霾的雾都,数字信息公司就有十万多家。工业革命两个世纪之后,习近平主席对英国进行国事访问时受到女王伊丽莎白二世的最高礼遇。当两个大国再次相遇,人类进入了新纪元。

2020年,中国要全面实现小康和工业化,持续三十多年的高增长奠定了扎实的基础。但是,另一方面,贫富差距和城乡鸿沟横亘在前进的路上,每年一千多万农民工提供了全面工业化需要的劳动力,他们更需要就业岗位,而"就业难"和"招工难"现象同时存在。劳动力成本大约每五六年翻一番,用工成本以及竞争压力使企业不堪重负,特别是对微利的传统产业。全球经济危机使中国制造业备受打击,需求疲软和结构性失衡使一些产业产能过剩。此外,人口红利流失和"中等收入困境"

企业家和创新创业精神

更是世界级难题。

以制造业为主的中国经济还面临着较其他国家更严重的环境问题和碳排放约束。中国政府承诺2030年温室气体排放达到峰值,而GDP又要继续增长。既要保持中高速经济增长,又要减少能源消耗、降低碳排放,面对这类矛盾、困境和难题,依靠粗放型发展模式显然不行,以工业文明之初的思维和模式应对转型时期中国的社会与经济问题已失效,唯有改革创新才能破解困境,才能让中国赶上发展新时代。

1.2 工业文明中创新的力量和企业家的历史角色

正是创新的力量,开启了每一次工业革命的大门,推动了一系列的生产技术进步,从而促进了经济的永续发展。

正是创新的力量,一次次破解了人类发展的困境,解开了社会进步的羁绊,重组了要素,释放了增长活力。

正是改革的力量,创新的诺亚方舟冲破一次次惊涛骇浪,将人类拉出了社会的逆流和经济危机的漩涡,推动了经济新增长和文明的进步。

示例1-4 李约瑟之问

英国著名科学史家李约瑟(Joseph Needham)的巨著《中国科技史》全面系统地总结了中国科学发展史,展示了中国人的聪明才智以及在技艺发明方面的伟大成就,肯定了中国对世界文明的贡献。

中国在世界科技发展史上的地位使中国人感到骄傲和自信。然而,人们要问:如此伟大的技术成就,如此高超的技艺,如此精湛的发明,如此巨大的社会财富和科技成果：宋朝的工匠技艺、明朝的造船和远洋航行技术远在当时的世界水平之上，为什么没有导致工业革命在中国发生？

1.2.1 科学的力量

自觉创新是人类区别于其他生物的关键特征，创新是人类的常态活动。但是，不是所有创新活动都能有效推动人类的进步和生产率的提高；并不是所有新的产品都能满足人类需要；更不是所有的创新都能影响人类文明的进程，何况很多时候人类被保守的传统惯性思维拖住了创新步伐。

工业革命的先导是科学革命，没有第一次科学革命（从1543年哥白尼发表"天体运行论"到1687年牛顿发表"自然科学的数学原理"）和第二次科学革命（始于19世纪初），就没有第一次工业革命（18世纪末）和第二次工业革命（19世纪末20世纪初）。

科学革命是基础的理论与思想创新，指导颠覆性的技术创新。没有热力学，就没有蒸汽机；没有力学，就没有机械；没有数学进展，就不可能有热力学与力学的理论模型；没有化学，就没有合成材料和合成染料；没有物理学和电学，就不可能有电力和电子通信；没有达尔文的进化论，就没有对自然界乃至人类本身的认识。

科学革命也使人类避免在伪科学下误入歧途，减少在黑暗中的探索或掉入陷阱。

第三次科学革命要复杂、艰难得多，所要攻克问题的深度——无论

企业家和创新创业精神

是微观世界（生命、大脑、基本粒子）还是宏观世界（宇宙、社会、信息），都是前所未有的，也正因为如此，才会导致人类科技发生更大、更根本的进步。

示例 1-5　奇迹材料无所不在

电池

2011年，美国西北大学的研究人员以石墨烯和硅为原料制造电池，据说这种电池可以让手机"用上一周，每次充电只需15分钟"。此外，特斯拉对电池技术的革新，也将引发市场对提升锂电池能量密度材料的关注。石墨烯具有高导电性和良好的柔韧性，是柔性储能器件的理想候选材料之一。石墨烯复合材料用作锂离子电池负极材料，可大幅提高负极材料的电容量和大倍率充放电性能。

超级计算机

由于石墨烯的出现，高频提升的发展前景似乎变得无限广阔了，这使它在微电子领域也具有巨大的应用潜力。研究人员甚至将石墨烯看作硅的替代品，能用于生产未来的超级计算机。

可穿戴设备

与韩国成均馆大学合作的三星尖端技术研究所的研究人员称，三星已找到在硅片上制造高质量石墨烯的方法。三星在声明中表示，这些技术进步意味着公司可以开始制造"柔性显示屏、可穿戴设备和其他下一代电子产品"。

抗菌物质

中国科学院上海分院的科学家发现，石墨烯氧化物对于抑制大肠杆菌的生长超级有效,而且不会伤害到人体细胞。若石墨烯氧化物对其他细菌也具有抗菌性,则可能找到一系列新的应用,像自动除去气味的鞋子或保持食品新鲜的包装。

石墨烯感光元件

新加坡南洋理工大学的学者研究出了一种以石墨烯作为感光元件材质的新型感光元件,它有望透过其特殊结构,让感光元件的感光能力比传统 CMOS 或 CCD 好上 1000 倍,而且损耗的能源也只是原来的 1/10。

传感器

可基于石墨烯研究一系列传感器,包括气体传感器、生物传感器和光传感器,它们的体型比以往更小。这种传感器可以植入人的身体,读取神经系统信息或同细胞"对话"。

基因电子测序

由于导电的石墨烯的厚度小于 DNA 链中相邻碱基之间的距离以及 DNA 四种碱基之间存在电子指纹,因此石墨烯有望实现直接的、快速的、低成本的基因电子测序技术。

科学创新力量的形成和释放,成为推动工业文明进步的动力,离不开两个条件:第一,科学与技艺结合,即将科学范式创新指导转化为生产方式创新,变为可实现的生产与产品;第二,科技成果与资本等要素结合,并转化为市场价值。

1.2.2 企业家与企业家精神的历史角色

进入工业文明后一百多年中,在每一个历史节点上,都有重大的技术创新,这种创新颠覆原有的体系,实现实质性的进步。富兰克林、爱迪生、伊斯曼、福特、比尔·盖茨、乔布斯、马云这些人代表的企业家群体不仅是发明者,有的或许原本就不是发明者,他们通过创新的技术范式,创造了新的生产方式,引进了新的要素进行组合,激发了新的活力。他们通过创新管理范式,将上述要素优化重组,从而使其发挥出超常规的力量;通过创新市场,最终使技术创新实现市场价值,创造新需求。

要将技术创新转化为市场价值和经济财富,关键角色就是具备创新思辨精神和创新创业能力的企业家。

这些企业家往往处在一个创新的爆发期,人类科技创新成果是他们成功的基础,给他们创新创业的手段;他们往往处于矛盾重重、困境处处的冲突时代,挑战更展示其智慧,天阔地广给他们施展的舞台。正是在混沌中的洞察力,在挑战中的坚毅,使他们能够凭借技术创新的力量,颠覆产业和经济发展模式,创造新的产业,破解困境。依靠这个企业家群体,老态的企业才能重生,陈旧的产业才能破茧化蝶,新技术才能创造经济奇迹,社会经济才能进入一个新常态。

1.3 时代呼唤企业家和企业家精神

世界处于一个动荡的时代。

中国处于一个变革的时代:工业化尚未完成,而新工业革命接踵而来。中国的经济发展浓缩了世界工业发展的历程。工业文明1.0、2.0、3.0版尚存,工业文明4.0版已提上实践日程。中国内部发展不均衡,而且与世界先进水平仍然存在巨大差距。中国经济不仅有常态,也有新常态，更有反常态。中国不仅需要传承工业文明，学习先进的技术与管理，更需要创新突破，从而成为领先者，从被治理者变为治理者。中国需要创新发明，更需要将创新变为市场价值和经济动力的企业家；中国需要泰勒，更需要德鲁克；中国需要马克思，也需要熊彼特；中国需要乔布斯，更需要张瑞敏、任正非、马云、雷军、马化腾，还需要千万个创客。

1.4　大学的职责和创新创业教育的任务

在创新时代，中国大学教育的职责主要有两方面：一是开展主导社会经济发展的基础科学研究和建设创新应用技术体系，包括现成知识和创新思想精神的传承；二是创新型（思辨和实践创新）人才的培养，创新人才是创新最重要的要素，也是保证创新本身的传承得以延续的关键。

示例1-6　中国本土创新

大量的既有事实表明，企业家教育程度的提高，可以显著地提高创新的成功率。也就是说，如果能够提供更好的教育，尤其是给企业家提供更高质量的教育，创新的回报就会得到大大的提升。

本土创新要求更多的企业家引领企业朝着前沿创新的方向努力，这也要求更多的老牌企业能够分配出更多的人力资源投入这种创新，这样商学院就可以帮助下一代企业变得更有创新性。同时，经济领域对这种本土创新的大量投资，也将会获得长远的回报。

如果有更多新的项目是创新型项目，那么我们的经济就会越来越有活力；如果有越来越多的人对这样的项目有需求，那么就会有越来越多的人提供这样的创新型项目;如果一个国家参与新产品和新方法的项目,那么它的就业率也会大大提升。所以,即便短期的回报不是特别高,本土创新对就业产生的积极影响还是非常明显的,而且对生产率的提升非常有帮助。

另外,中国企业在朝着新型组织方向过渡的过程中,也将逐步成为解决问题型企业。需要强调的是,要获得真正的成功,一个关注企业家的体系能够实现的不仅仅是制造产品,更重要的目的是提高人们的生活水平。

埃德蒙·费尔普斯(诺贝尔经济学奖获得者)
——摘自《中国经济时报》2013 年 4 月 23 日

1.4.1　创新教育的体系

创新的企业家经济的基础是创新教育和创新人才的培养。

创新教育是全民教育的体系,既包括创新创业的科学体系的创建与传承,也包括创新创业的价值观文化环境与氛围的培育,更包括从小开始的创新创业人才的培养。

因此,创新创业人才的教育不仅仅是高等教育,也不仅仅是培育科技和商业领袖、精英和尖端人才,还应包括创新创业的独立探索,自由思辨的人格,个性养成的关键时期的幼儿教育和中小学教育(中国的青少年教育强调不要输在应试的起跑线上,却输在创新的起跑线上)、职业教育和继续教育(培养创新型的、有实践技能的工匠和技术人才)以及高等专业教育和基础理论与学术教育,而高等院校的创新创业教育则是一个国家的"代表队"。

1.4.2　创新型科学和应用技术开发

科学革命是产业革命与技术创新特别是颠覆性的创新的先导与基础,这也包括指导社会发展的制度革命和文化思想变革。所谓革命,并不是指被误解与滥用的暴力战争与你死我活的残杀或暴戾的民粹主义,而是指颠覆旧思想、旧体系和旧规制与创新范式的进步。因此,中国要立足于世界民族之林,必须在自然与人文科学的各领域,在理论上与实践中都要有创新。

同时,要善于将基础的理论研究成果应用于实践。在科学理论指导下进行应用技术的开发也是中国创新战略中的重要方面,特别是创新的实现技术、商业模式和市场体系,以及创新的经济模式、管理制度和实施路径。

1.4.3　大学生创新创业教育

大学生创新创业教育无法承担大学的全部职责,也不可能涵盖大学教育的全部任务。创新创业教育的重点不是进行科学研究和提高学术水平(虽然创新创业者需要对科学进展有极高的洞察力和敏感性),也不仅仅是技术研究和开发(虽然与有工程技术背景的创新者结合是创业成功的一个重要条件)。

大学生创新创业教育是要培养企业家精神,即创新思辨、创新精神、创业精神和探险精神。创新创业教育的重点是训练大学生技术创新、管理创新和将科技创新转化为市场价值和社会财富的能力,通过新型企业

企业家和创新创业精神

家的培养,使一切要素活力迸发,使一切财富源泉涌流。

因此,将大学生创业与"40—50创业"的目标混为一谈,认为大学生创新创业教育仅仅是为了解决大学生就业问题和提高就业率,是对创新企业教育的曲解,更是低估了大学生创新创业教育的意义。大学生是实现国家创新企业战略的主要力量,青年的创新创业活动将提高经济活力与动力,创造的将不仅仅是创业者本人的财富,更可能是成千上万的新产业增长点和就业岗位。这已不是梦想,而是事实。

示例1-7 中国iGDP指数全球领先

在全球互联网企业十强中,来自中国的互联网企业占据了四席。据麦肯锡全球研究院分析,2014年,中国互联网经济占GDP的比重(iGDP)达到4.4%,已处于全球领先水平。

红杉资本中国基金创始人及执行合伙人沈南鹏认为,中国互联网公司的崛起及其在世界上的影响力令人震撼,其中的领先企业越来越多地拥有原创技术应用和商业模式,"互联网对于全球经济的重塑,确实可以和工业革命相提并论"。中国正处于全球产业竞争的新格局中,相信会诞生超越硅谷的优秀创新企业。

国家互联网信息办公室主任鲁炜指出,伴随着互联网和信息技术的快速发展,信息经济的浪潮正澎湃而来,成为驱动世界经济增长的新引擎,引发人类生产方式、生活方式、消费方式前所未有的深刻革命,这也是中国抢占未来发展制高点的战略选择。

1.5 本书的结构

什么是企业家？

什么是企业家精神？

为什么企业家精神的核心是创新创业精神？

什么是企业家经济？

企业家经济的时代特征是什么？

为什么这个时代是企业家辈出的时代？

为什么诺贝尔经济学奖获得者科斯认为创新创业思想是任何创新型经济和永续发展的决定性因素？

企业家和创新创业精神对实现中国梦的意义是什么？

这些都是本书讨论的问题。

本书不同于作为专业课程的"创业学"，而愿以具体而浅显的表达方式说清楚关于企业家的深奥道理和丰富内涵，这是创新创业教育的基础。

第1章讨论企业家、企业家精神和产业的历史背景和时代意义。

第2章给出关于企业家的经济学释义和企业家经济的界定。

第3章介绍从旧常态到新常态的范式革命，以及企业家颠覆性创新的实质。

第4—7章分别具体地讨论企业家精神的内涵：创新思辨、创新精神、创业精神和冒险精神。

第8章讨论企业家的成长环境，特别是文化环境，以及企业家的能力和个性特质。

第9、10章给出了初步的创新创业能力训练、创新思辨和创业计划练习。

第11章作为未尽续篇,引出对企业家经济和未来企业家创新空间的想象。

企业家和
创新创业精神

第 2 章

企业家与企业家经济

经济学并没有解释为什么 19 世纪末出现了那种企业家精神,而且它似乎又开始再度出现在现今社会。

……

在所有重要的现代经济学家中,只有熊彼特注意到了企业家及其对经济的影响。

——彼得·德鲁克:《创新与企业家精神》

2.1 历史的隐喻:柯达与苹果

2012 年 1 月 29 日,柯达公司申请破产,一个统治全球摄影印相市场和引领摄影技术 131 年的"黄色巨人"轰然倒下。同月,苹果公司为纪念已逝的掌门人斯蒂夫·乔布斯,推出 iPhone 4,引起又一波"果迷"的疯抢潮,苹果公司的市值创新高。两个公司荣败兴衰,一个月内悲喜剧交替上演,看似偶然,实则有深刻的历史隐喻。

关于柯达公司为何会落到破产的境地,一些人认为它缺乏创新,也有人说它没文化,这显然是误解。从 1881 年伊士曼创建公司起,柯达创新不断,从干版技术、软基胶卷、傻瓜相机到先进的印相工艺与装备。柯

企业家和创新创业精神

达一直是行业技术先驱,甚至到破产之时还掌握着大量尚有价值的专利技术。柯达为振兴摄影技术、视觉艺术和精神文明,创造了很多个第一。事实上,打败柯达的数码相机恰恰是柯达创造的。

显然,创新是重要的,数码相机的出现成为颠覆市场乃至产业和决定企业成败的关键因素。然而,柯达的案例说明,创新远远不够。公司必须首先清醒地看到创新对行业、市场、企业的影响,要评价颠覆性技术创新对公司原有的传统优势——胶卷、印相和相机等战略业务构成的冲击,要将技术、产品、工艺创新转化为市场价值,不仅要提高销售额,更要开拓新的市场、新的应用领域、新的产品概念,创造新的需求。

事实上,伟大的企业家兼发明家伊斯曼从创建柯达开始就不断进行技术创新,并且以摄影与印相术的进步推进摄影文化艺术,以高超的营销策略和手段,通过技术—艺术—营销的结合,不断创造市场和社会价值,不断增加公司的财富。

柯达起源于第二次工业革命的创新时代,受惠于伊斯曼的精神——创新创业的企业家精神,而终止于另一个新的创新时代。柯达的破产正是因为在旧常态向新常态的转折期迷失了方向,恰恰是因为违背了创新创业的企业家精神。

苹果公司创建于20世纪70年代,一个创新和动荡的年代,两个退学的大学生在车库里装配出一台个人电脑。这是一个创新创业的传奇故事,是企业家创业和加州硅谷信息经济崛起的典型案例。

苹果公司的创业成长故事是一个典型,而其最精彩的乐章却发生在乔布斯被自己创建的公司除名后历经磨难回归之时,发生在乔布斯罹患癌症之后。乔布斯被驱离苹果公司后创建的皮克斯公司以跨界创作《玩具总动员》大获成功，而他的 NeXT 公司在业绩上乏善可陈，其销售甚至是失败的。然而，NeXT 公司在产品概念、市场需求、投资模式等方面给乔布斯的历练和试验，为苹果公司的华丽转身成功进行了预演。

苹果公司的产品核心已从作为工具的个人电脑转向提供"端对端"服务的数字中枢，iPod、iPad、iPhone 已不是传统的音乐播放器、电脑、手机。苹果公司的技术团队通过一系列的技术创新，支持这种产品概念的实现。他们以一系列的艺术表达，创造了新的体验和需求，通过和网络运营商、内容提供商的合作，创造了新的商业模式和价值倍增的奇迹。

乔布斯是一个技术—艺术—商业模式的创新者与设计师，他成功地将别人的技术创新（这是大多数）和自己的创新技艺结合，将技术的先进、艺术的完美和营销的出奇制胜相结合。

乔布斯从被抛弃（被亲生父母抛弃，被公司抛弃，被命运抛弃）中悟出了生命之重、物质之轻，从而更能珍惜生命，将生命中的每一天作为最后一天过，抛弃常人难以割舍的利欲包袱，毅然决然地作出判断并付诸行动。

乔布斯与伊斯曼都是典型的企业家的代表，体现了企业家精神，即思辨精神、创新精神、创业精神和探险精神，集中了企业家的才能，将技术、艺术、管理创新融为一体，将创新转变为创业实践，并创造出巨大的市场和经济价值。

企业家和创新创业精神

示例2-1 柯达与苹果

柯达的繁荣与没落	苹果的困境与振兴
• 1854年7月，伊士曼出生。 • 1868年，伊士曼辍学。 • 1880年，伊士曼发明了干版技术。 • 1881年，伊士曼与商人亨利·斯特朗合伙成立了伊士曼干版公司。 • 1881年，软胶片技术诞生。 • 1888年8月，柯达相机和柯达胶卷诞生。 • 19世纪末，柯达推出口号："你只要轻轻按下快门，剩下的事情交给我们。" • 1932年3月14日，具有全球视野的发明家、营销家、慈善家伊士曼自杀。 • 20世纪80年代，柯达推出使用110胶卷的相机，轻巧、方便、时尚，并创造了以低价相机拉动胶卷的连带产品营销模式。 • 20世纪90年代，柯达统治了胶卷市场。 • 2012年1月29日，柯达申请破产。 • 柯达发明了数码相机，却被数码相机打败。 • 柯达为传统优势所累，没能将创新变为市场价值。	• 1955年2月24日，乔布斯出生。1974年，乔布斯从里德学院退学。 • 1976，乔布斯手工打造Apple Ⅰ，单价666美元，共200台。 • Apple Ⅱ，采用沃兹尼亚克的电路板，并把它变成第一台不再供业余爱好者使用的个人计算机。 • MaCintosh，引发了家用电脑革命，并普及了图形用户界面。 • 1985年9月，乔布斯被董事会免职，离开苹果，公司股票涨7%。 • 1997年8月，乔布斯重返苹果，公司股票涨33%。 • 乔布斯患癌症。 • 《玩具总动员》和其他皮克斯大片，开创了数字影像的奇迹。 • 苹果零售店，重新塑造了商店在品牌定义中的角色。 • iPod，改变了人们消费音乐的方式。 • iTunes商店，让音乐产业重获新生。 • iPhone，把移动电话变成了音乐、照片、视频、邮件和网络设备。 • App Store，生成新的内容创造产业。 • iPad，为数字报纸、杂志、书籍和视频提供了平台。

示例 2-1 柯达与苹果(续)

柯达的繁荣与没落	苹果的困境与振兴
• 柯达时代的终结正是由于伊士曼企业家精神的缺失。	• iCloud,使计算机不再担任管理内容的中心角色,并让各个电子设备无缝同步。 • 苹果公司本身,乔布斯认为这是他最伟大的创作。在这里,想象力被培育、应用和执行的方式极具创造力,使苹果成为全球最有价值的公司。 • 2011年10月5日,乔布斯去世。

2.2 企业家和企业家精神

2.2.1 企业家的定义

"企业家"一词(entrepreneur)于17世纪末被引入法语,1755年第一次被卡迪隆(Cantillon)作为经济学术语,1803年被法国著名经济学家萨伊(Say)精确定义。法语中的"企业家"在英语中没有准确对应的词,最初人们将其解释为"商人"(merchant)、"冒险者"(adventure)甚至"雇主"(employer)。在中国现在的语境中,企业家是指企业主或相当于从商之人(无论是做实业还是做贸易流通)或投资者(相当于资本所有者)。这种词语、文字与口语沟通的表达偏差造成了理论与实际的误解。

企业家不等于投资者,不是企业主(企业所有者),不是经营者(如总经理、CEO),不是职业经理人。

企业家要能够创新,但企业家不是发明家,也不是技术研究者或设计者。

企业家要承担创新创业的风险,但企业家不是风投家,也不是保险公司(分担风险,赚取风险贴水)。

企业家的学术定义最早是基于新古典经济学理论,"企业家填充了固定要素间的隔距",即企业家是链接固定要素的纽带,使之优化组合,提高产出。企业家的能力是使"固定要素"重构,因为这种组合决定了企业的有效规模和效率。

熊彼特作出了更清晰的定义(1934):企业家是经济发展的原始动力,他(她)的职能是创新,或者是进行新的组合。创新包括五类:导入新的产品;引进新的生产方法;开拓新市场,特别是新领域市场;获取新资源或原材料来源(包括在制品),创造新的产业组织。虽然当前关于这五种类型的创新及其内容和要素的构成都已发生很大变化,甚至有根本性变化,但是熊彼特关于企业家的核心定义仍是正确和适用的。

熊彼特进行了更清楚的划分:企业家不是发明家(inventor),但总要有人(企业家)决定配置资源,从而开发这些发明的潜在价值;企业家不是风险的担当者,资本家才是,资本家将资本托付给企业家。

企业家通过创新将各种要素(物质的和无形的)进行组合,使其活力更强劲地迸发,从而实现市场价值,使财富源泉快速涌流、增长。

德鲁克对企业家有类似的表述:虽然企业家需要资本从事经济(和大多数非经济)活动,但他们不是资本家,也不是投资者。企业家不一定是雇主,而往往是雇员。企业家从事经济活动的本质是将现在的资源托付给未来的期望,意味着具有不确定性和风险。企业家总是寻找变化,敏感地作出反应并加以利用。企业家将变化转化为机遇,进一步转化为实践。企业家常常视变化为标新立异,而不是锦上添花。

2.2.2 企业家的分类

根据创业机会的类型和创业获利的来源,企业家可分为以下几类:

创新型企业家(innovation entrepreneur)

理论上,企业家在本质上都是创新型的。这类企业家主要依靠技术创新(新产品、新原料、新流程)和相关联的生产组织、市场应用创新。这符合熊彼特关于企业家的定义。乔布斯、扎克伯格就属于创新型企业家。

小米联合创始人、总裁林斌也是典型的创新型企业家,他以不断的技术创新,通过产品研发创造"爆品"。小米2015年申请专利就达四千多项,从硬件到软件,从技术到消费者体验,从操作到"颜值",不断有颠覆性创意,并进行产业生态模式创新。仅用五年,小米就从行业的挑战者变为领头人。

套利型企业家(arbitrage entrepreneur)

这类企业家通常对由于市场缺位导致的市场失衡和市场空白非常敏感,发现机遇并将之转化为创业。这更符合柯兹纳(Kirzner)的定义。注意:这里的套利并不仅是买低卖高、低吸高抛的一般套利。一般套利模式下,通常信息是透明的,结果是可知的,市场是完善的。

社会企业家(social entrepreneur)

这类企业家有别于非营利组织和纯以营利为目的的企业家。他们创业有明显的社会目标,如解决贫困、环境问题等,同时通过市场运作,实现自己的利润目标。社会企业家善于从这些被忽略的社会需求中找到获利机会,平衡社会利益和企业利益,并能创造新的运作模式。

企业家和创新创业精神

农村烧秸秆已成为夏收与秋收期间的公害,造成空气污染,影响高速公路和机场等公共交通的运营。但是,农民在收割换茬的短暂间歇,没有时间、人力或更好的办法清理秸秆。政府也为此而担忧担责,防不胜防。后来,人们从中找到机会,获得政府支持而得到处置权,并得到必要的场地和相应的一些补贴。他们通过收集秸秆,经过加工,制作营养丰富的植物培养基材料并获得收益,从做公益发展到做事业。

示例2-2　星雨天使的事业

自闭症患者是一个特殊的群体,他们生活在自己的精神世界里,无法与他人沟通,与外部世界疏离,不愿参与社会活动。

中国有最大的自闭症儿童群体,疏离与隔绝影响了他们的生活与学习,也给家庭造成了巨大的不幸,给社会带来了负担。

社会上有大量的热心公益的慈善人士在关心这批被遗忘的孩子。但是,慈善捐赠和热心帮助无法解决这么多孩子一生一世的生存与发展。

这些孩子中,有很多人有极高的音乐天赋,或对数字有超常的敏感度和记忆,或对色彩有独特的视觉感受。他们是被上帝妒忌的天才。历史上和现实中,很多艺术天才有自闭倾向和心理障碍。一些关爱自闭症患者的慈善机构已开始从授人以鱼的捐赠和物资帮助——耗费大量的社会成本而无法持续——转变为授人以渔的教育活动与事业,如通过训练让自闭症儿童表达其独特视角与色彩感受,表现其在绘画与视觉艺术方面的天赋才能。一方面,通过在绘画涂抹中体验乐趣,与人交流,治愈心理障碍;另一方面,让这些美妙画作和惊世创意实现真正的艺术价值。

他们的创作成果通过商业运营转化为市场价值,让孩子成为精神和物质财富的创造者。这是以办事业(business)的方式做公益慈善事业。

当然,这种事业的目标是公益,为了孩子、家庭和社会,做事业只是一种经营模式,目标和经营方式不能倒置,否则会变味。

制度企业家(institution entrepreneur)

在社会变革时代,由于新制度、新规制、新体系的出现,并替代和颠覆传统的旧体系和市场秩序,为企业家创造了新的商业机会和市场空间。这类市场空间远大于在旧体系下"挤出"的空间。制度性的创业机会风险更大,中国的一些企业家起步发家于此,也常常跌倒在这里。

义乌小商品诞生于中国改革开放之初。当"割资本主义尾巴"的"左"倾思潮仍压制着民众的生存欲望时,一些人为民做主,冒着风险,网开一面,护佑创业的萌芽。之后,义乌在第一波改革浪潮中崛起。无数的企业家在改革中发现了创业机会,实现了创业梦想。义乌现在已成为新丝绸之路上中欧快线的始发站。

黑客企业家(hacker entrepreneur)

创业学最初将黑帮性质的创业者也当作一类企业家,这极易引起误导。纯黑社会性质的组织者无论后来如何改弦更张,本质上绝不能称作"企业家"。但是,一些另类的创新者,如黑客,是可以实现另类创业的。这是一帮高智商、高技术的创新人群,只要加以引导,完全可以成为正能量的企业家。

企业家和创新创业精神

示例 2-3　从黑客到创客

来自旧金山的米奇是一个发明家,也是一个企业家,而他更广为人知的身份则是"创客教父"。

11 年前,米奇因为觉得公共场合的电视太吵,就带着恶作剧心态发明了一个遥控器,能够关掉公共场合的电视,没想到这个小玩意居然在生产出来三周之后卖出了 50 万部,成为米奇的重要收入来源!

不过,米奇所擅长的,绝不仅于此。

"'黑客'和'创客'在我看来是一样的,我更喜欢用'黑客'这个词,在我这里这两个词是可以互换的。"米奇这样诠释他对创客的理解。实际上,正如米奇所言,创客空间在英文语境下更多显示为"hackerspace"。

在创客眼里,创客空间里没有单一的功能,在这个物理空间里可以进行教育、实验和探索,不断尝试新的令人兴奋的项目,或开设各种各样的课程和工作坊。

米奇认为创客空间最重要的属性就是一个互助社区,在其中,每个人都可以去探索自己热爱的领域,成为创新和很多独特想法的发源地。

2007 年,米奇的身边只有不到 40 个创客空间,而现在已超过 2000 个。

——摘自《第一财经日报》2015 年 10 月 29 日

中国正处在变革期,全球正处在新产业革命的创新爆发期,世界正处在一个创新的时代。今天的很多中国企业家混合了这几种类型,他们的创业机会更多,也更复杂,相关利益方关系更广,同时需要对机会和风险保持敏感性和警觉性,并保持创新专注度,不能撒网太大、涉足太多,更要善于权衡和平衡,并找到明确的实施创业的途径。

示例2-4 中国的五波创业潮和涌现的企业家

第一波:农民创业(1978年)

十一届三中全会召开,改革从农村开始,全面解放了农业生产力

代表人物:鲁冠球,杭州万向集团;步鑫生,海盐衬衫厂;年广久,傻子瓜子。

特点:改革开放后中国第一批创业者;都是农民出身;在制造业领域和流通业领域实现突破,把握改革红利。

时代印记:"万元户""个体户"。

第二波:中国企业元年(1984年)

中共十二届三中全会召开,农村改革经验引入城市,城市体制改革和工业改革开始。

代表人物:柳传志,联想;张瑞敏,海尔;任正非,华为。

特点:创业人群属于城市边缘人士;注重管理,重视企业文化;创业内容大部分和吃穿用有关。

时代印记:海尔冰箱、"科学技术是第一生产力"。

第三波:全民"下海"(1992年)

1990年左右,中国经济处在一个非常低迷的萎缩状况,全球对中国实行经济制裁。

代表人物:潘石屹,SOHO中国;俞敏洪,新东方;陈东升,泰康保险。

特点:佼佼者成为中国社会的"富一代";房地产行业、服务业迅速

崛起；企业热衷学习西方先进的企业管理模式。

时代印记：停薪留职、下海创业。

第四波：互联网革命（1998年）

1994年，中国获准加入互联网并在同年5月完成全部中国联网工作。1995年，张树新创立首家互联网服务供应商——瀛海威，老百姓进入互联网。

代表人物：李彦宏，百度；马云，阿里巴巴；刘强东，京东。

特点：与互联网发展关系重大；出现风险投资和股权激励模式。

时代印记：互联网深刻地改变了老百姓的生活消费习惯，"万能的淘宝"。

第五波：从"旧有"到"新有"（2009年）

2009年1月7日，工业和信息化部确认发放3G牌照，中国正式进入第三代移动通信时代。

代表人物：马佳佳，泡否科技；程维，滴滴打车。

特点：与移动互联网息息相关；创业者主力为"80后"和"90后"。

时代印记：O2O、App、"移动互联网+"羊毛出在猪身上。①

2.2.3 企业家精神

从企业家的特质和所承担的经济活动的职责，尤其在经济变动期的角色，以及承担这种角色需要具备的能力、才干和特质来看，企业家精神主要包括：哲学思辨精神、创新精神、创业精神、探索精神或冒险精神。

---

① 参见《第五波创业潮来袭："个体户"到"创客"的30年流变》，http://news.xinhuanet.com/fortune/2015-04/24/c-127728168.htm，2015年10月15日访问。

2.3 企业家和经济学

关于企业家的概念在18世纪中期就被引入经济理论。第一次工业革命中,真正的企业家凤毛麟角。伯尔顿对处于困境中的发明家瓦特的发现和帮助,使蒸汽机能被实际应用,是资本家与发明家结合的例子。因此,伯尔顿被称为最早的企业家,而其真实身份还是资本家。真正意义上的企业家的大量出现是在第二次工业革命中。古典经济学的理论基于信息是完整和透明的,产品是同质的,生产是成本效率导向的,而竞争是基于价格的自由市场竞争。市场经济初期,企业的力量主要体现在资本的力量上。因此,对于创新和创新带来的创业,即技术创新带来的产业和市场的改变,并不是发展的主旋律,并不强调企业家的创新和变革角色,而是将之作为纽带,改变要素组合的结构。

然而,在第二次工业革命前夕,这种情景就发生了根本性的变化。自由资本主义并不那么完美,资本威权抑制了其他要素的活力,造成极大的社会矛盾和经济困境。效率与成本仍是关键因素,但随着技术创新引导新的产业市场,新产品、新技术出现,市场机会涌现,不可预测的风险也大大增加。古典经济学无法解释这些现象,于是新古典经济学出现了。马克思在《共产党宣言》中第一次提出了"如果没有对生产方式的持续变革,并通过这种革命改革生产关系乃至整个社会关系,资本主义就不可能继续存在",深刻揭示了自由资本主义的矛盾,也预见了这种创新改革者的存在。马克思这段话成为熊彼特等学者的创新和经济周期理论的启发之源,而熊彼特的观点为哈耶克(Hayek)和柯兹纳(Kirzner)

所支持、认同和补充。

示例2-5 科学管理的实质

科学管理不是任何一种效率措施,不是一种取得效率的措施,也不是一批或一组取得效率的措施。它不是一种新的成本核算制度;它不是一种新的工资制度;它不是一种计件工资制度;它不是一种分红制度;它不是一种奖金制度;它不是一种支付职工报酬的方式;它不是时间研究;它不是动作研究,也不是对工人动作的分析。

在科学管理中,劳资双方在思想上要发生的大革命就是:双方不再把注意力放在盈余分配上,不再把盈余分配看作最重要的事情。他们将注意力转向增加盈余的数量上,使盈余增加到使如何分配盈余的争论成为不必要。他们将会明白,当他们停止互相对抗,转为向一个方向并肩前进时,他们共同努力所创造出来的赢利会大得惊人。通过共同努力,就能创造出比过去大得多的赢利。最后,完全可以做到既增加工人工资,也增加资方的利润。先生们,这就是构成走上科学管理轨道第一步的伟大思想革命。

——摘自弗雷德里克·泰勒在美国众议院特别委员会听证会上的演讲(1912)

第二次工业革命中,企业家大量出现,这些以创新创业为代表的企业界家群体引进颠覆性的管理技术,从根本上改变了企业发展模式乃至经济发展方式,也促进了现代管理学的发展。事实上,泰勒的科学管理核心一直被人误解为以时间研究、动作研究为手段的专业分工,最大限度地提高效率。然而,泰勒本人明确指出其主要思想是让要素重组,或通过管理充分发挥各种要素的活力。

福特等企业家群体通过他们的利益追求(不管是主动还是被动的,自觉的还是趋利本能)实践了福利主义经济的思想。(见示例1-1)

企业家群体的出现催生了熊彼特关于创新和经济发展(周期)的理论。工业文明以来,特别是第二次工业革命以来,经济总体上在迅速增长,但是不时袭来的经济危机不断阻碍经济的发展,重创人类文明,引发无尽的社会冲突。熊彼特精辟地分析了经济周期规律,并指出技术范式创新在引领经济走出危机、帮助社会走出困境以及重启新一轮增长中的关键作用。

熊彼特的理论源自马克思的思想,却更深入而系统,并结合经济实践,如今仍对世界经济的进步发展有现实指导意义。

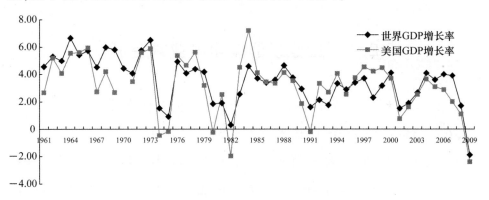

1961—2009年世界与美国的GDP增长率(%)

图 2-1 世界经济周期现象

经济周期兴衰期约十年,美国经济与世界经济基本同步。
* 数据来源:世界银行2010年数据库。

企业家群体的出现对传统的经济学提出了新的问题。比如,对创新创业中新技术范式的市场前景不可测性,决策理论(效用理论、期望收益理论等)就无能为力。甚至由于企业家工作绩效不可预测,"企业家市场"因"企业家本身价值"不确定而无法存在。正因为创新型创业的不可(或很难)预测,才出现了风险投资这种独特的资本代理投资方式。在现实中,即使是风险投资方,也会因为一些创新创业项目不可测而不敢委托给企业家。我们看到的企业家多是功成名就,那么失败了的是不是企业家呢?他们的精神是不是企业家精神呢?如果是,那么何以见得?如果不是,那么企业家的创新创业就一定是成功的吗?这显然与企业家以及企业家精神的定义不符。有人试图建立创业者或企业家的评价指标体系和创新创业项目的量化评判模型,将常规评价方法用于创新创业的评价,显然不合逻辑。这些难题都有待通过理论论证与在实践中探索。

2.4　企业家群体和企业家经济

第二次工业革命后出现的企业家群体,包括伊斯曼和亨利·福特等,在各自的产业领域,以技术创新开启了新的市场大门,打开了财富"源泉之阀";同时,拯救经济于困境,促进了经济的新一轮增长。这被德鲁克称为企业家经济的开端。美国依靠企业家经济开创了"美国世纪",至今仍给美国经济强劲而持久的驱动力。

示例2-6 "大繁荣"源自以草根创新为核心的企业家经济

"创新"是一个基于大众的、草根的、自上而下的进程。创新不是精英的专利，大众也能创新。大多数创新并不是亨利·福特类型的孤独的梦想家所带来的，而是由千百万普通人共同推动的，他们有自由的权利去构思、开发和推广新产品、新工艺，或对现状进行改进。

在过去很长一段时间内，人们以为创新只是科学技术的创新。但是，实际上，创新不仅仅是科技的事情，更不仅仅是国家的事情，每个企业、每个人、每个环节都在创新过程中扮演着重要的角色。创新不单单指技术革新，更意味着商业模型、服务方式等的调整与改变。19世纪初期，英美经济腾飞，当时并没有太多新的科学发现。商业领域的创新却不断涌现，商人不断创造、开发出新产品。这些成功是一种经济和商业上的创新，不是科学上的创新。相信商业领域的这种自上而下的草根创新，对于未来经济发展和社会繁荣至关重要。

中国有漫长的企业家历史，中国人富有创业进取精神。但是，寻找机会的企业家和创造机会的创新者并不是一回事。中国政府已在有意识地培养和鼓励本土创新，这对于中国经济转型和寻找新的经济增长点大有益处。我们通过调查研究发现，中国本土创新已经达到了相当高的水平。当然，与美国在19世纪20年代、20世纪60年代的大规模创新相比，这种创新并没有覆盖到草根阶层。同时，中国创新企业的规模与经济总量相比，也处于一个较低的水平。

——摘自《文汇报》对诺贝尔经济奖获得者埃德蒙·费尔普斯的访谈录

20世纪70年代开始的数字化信息革命造就了硅谷——一个更大的企业家群体的出现，有人把硅谷的繁荣称为"造富运动"，每天都从硅谷产生大量的百万和千万富翁。然而，硅谷存在的真正意义是为社会造富,因为事实上每天都有大量创新企业在关门。对于美国经济而言,正是无数个创新企业起起伏伏、吐故纳新的"生命活动",才使得硅谷充满生命力,才孕育出像微软这样"高大上"的企业,才有大量的知识人才的就业。创业推动了产业发展,也培育了高端的技术人才、管理人才和创业人才。这就是德鲁克所说的美国式的企业家经济。他认为世界上还有半个企业家经济,就是日本。日本成功通过模仿创新或引进先进技术,并将技术创新转化为市场价值,将基础研究成果应用于汽车、家用电器等产业并建立起自己的优势产业。

2.5 企业家经济的定义

无数个中小微企业基于技术创新创业等相关经济活动,即不断将创新转化为市场价值和企业收益的经济活动,形成动态平衡、持续增长的经济形态和经济系统。企业家经济不断以创新改革获得动力,提供新的产品服务,创造新的市场。企业家经济的特征是:边际收益递增,经济收益倍增。

为什么企业家作为群体出现于第二次工业革命并大量涌现在20世纪70年代之后?

一个容易理解的事实是,在工业文明阶段,以资本强权为代表,特别是垄断(不管是经济垄断还是超经济的专制垄断)不利于新兴的创新企业的发芽和成长,这种"大鱼吃小鱼,小鱼吃虾米"的经济生态不利于处于胚胎或萌芽期的创新型小微企业的成长。

为什么企业家群体和企业家经济会首先出现在美国?这是值得研

究与关注的现象,有多方面原因。

美国是个移民国家,无论美国人的前辈来自何方,无论他们因为何种原因来到美国:新教徒避难、寻找新大陆、发现财富、追逐"发家梦",或是异见者,这种复杂人种和文化多样性,他们本人或前辈的探索精神,以及机会公平(当然并不是一开始就有的),都构成了企业家经济需要的人文、精神、文化、环境和企业家特质。

美国文化中有"天生"的创新能力和创新精神,从富兰克林到爱迪生,这些人既是科学家,又是深谙技艺之道的娴熟"工匠"和革新者,还是精明的管理者和投资家。

从伊斯曼到乔布斯,他们是技术—艺术—营销创新组合的行家里手。

美国还有突显创新创业的企业家经济和企业家成长的独特微环境,如硅谷基于斯坦福大学的科学底蕴、"理工文管"交融的学科结构、创新的教育体系、自由开放的创业空间和政策、不同种族文化的交融(圣何塞有西班牙、意大利、拉丁美洲、非洲和亚洲族群等)。

硅谷的咖啡馆甚至也成为创意、创新和创业的平台:思想碰撞、投资交流、项目洽谈、合作联盟,成就了一大批投资者、创业者和技术人才的事业。

2.6　移动互联网时代的企业家经济

移动互联网不仅是一种技术和产业,更创造了一种社会关系和价值体系。

企业家和创新创业精神

毫无疑问,移动互联网本身已经创造出大量的新市场、新领域、新产业和新经济。更重要的是,通过移动互联网,人类打破了数千年文明形成的格局和限制,冲破了自然经济社会的诸多疆域和垄断,建立了以共享、合作、公平、参与为主旨的社交网、物联网和产业网,重构经济格局。社会不再是由"高大上"主宰,生产与生活方式呈现跨时空、跨界的微小化、移动化、多样化,这给企业家经济的壮大提供了前所未有的契机和空间。

在这场时代竞赛中,美国仍然以其先进的移动互联网技术和成熟的企业家经济的政策、制度、文化和产业环境领先全球。特别是在全球经济危机中,美国体现出较强的抗击打能力和难以撼动的深厚科学基础。企业家经济将美国拉出了经济陷阱,显示出永续潜力。

在地球另一端,中国新一代企业家如马云、马化腾、雷军及其带领的阿里巴巴、腾讯、小米以其独特的创新:淘宝、天猫、支付宝、微信、智能手机等,在短时间里迅速成长崛起。中国的创新环境正在完善,具全球影响力的企业家群体正在成长,借助于世界最大的潜在市场,中国的企业家经济正在助推世界第二大经济体的复兴和超越。

示例 2-7 小米的神话

工业化时代是钢铁的"恐龙时代",移动互联网是"虾米""小米"的时代。

小米成立于 2010 年 4 月,用时不到 5 年,在 2014 年 11 月 1 日"福布斯"网站上的估值高达 450 亿美元,超过联想、索尼。小米 2012 年销售额为 126 亿元,2013 年为 326 亿元,2014 年为 743 亿元,2015 年达到

1000亿元并非悬念。美国《时代周刊》将其称为"中国手机之王";《麻省理工科技评论》将其列为全球最聪明的50家公司中的第二名,仅次于电动豪车特斯拉。小米手机2013年卖出1500万部,2014年达6112万部,占全球智能手机市场份额的5%,超过三星。2015年4月10日,网上平台单日销售211万部小米手机,创吉尼斯世界纪录。

有业内人士批评小米的低成本压榨了供应商。但是,事实上,小米并不是在进行"追底杀低"的低价竞争,而是通过与"米粉"的共享共创,注重产品开发与商业模式的整合,实现价值倍增、边际成本递减的移动互联网模式。小米的领军人物雷军被称为"雷布斯"。

小米的发展速度在苹果之上,并且还有很大的潜力,因为在世界最大的市场上有中国的智慧创业者。

企业家和创新创业精神

第 3 章

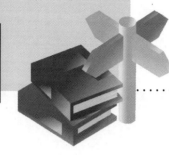

创新时代的范式革命：从常态、反常态到新常态

第 3 章 创新时代的范式革命：从常态、反常态到新常态

> 发现始于意识到反常，即始于认识到自然界总是以某种方法违反主导常规科学的范式所作的预测。于是，人们继续对反常领域进行扩展性的探索，直到调整范式理论使反常变成与预测相符为止。
>
> 公认的反常现象，其特征是无法被现有范式同化。只有这类现象才会促成新理论的发明。
>
> 在同化反常的过程中，新理论势必取代旧理论。
>
> ——科恩：《科学革命的结构》

3.1 关于企业家的理论与实践

"企业家"这个概念被引入经济理论正值第一次工业革命方兴未艾之时，同时代的瓦特（蒸汽机的发明者）、哈格里夫斯（珍妮纺纱机的发明者）和富兰克林（思想家、科学家、发明家、政治家）不断发明创新并付诸实用，是创新和创业的实践者。其中，瓦特更像个发明家，而在瓦特遭受困境时慧眼识珠、及时伸出援手的马修·伯尔顿更被认为是企业家的雏形。约翰·斯达特·米尔（John Stuart Mill）使法语中的"企业家"成为热门词（1848）。然而，关于企业家的讨论之后静寂了四十多年，在1890

年才被新古典经济学家马歇尔重新提起。

从1848年到19世纪末,正是自由资本主义经济遭到挑战和第二次工业革命开启之时,伴随着反常态的社会动荡变革,新的经济思想出现,与此相随的是又一个创新爆发期,涌现出又一批创新创业者:爱迪生、伊斯曼、西门子。作为这个时代经济现象的总结者,熊彼特给出了关于"企业家"一词更准确的定义:企业家的职能——创新和实施新的要素组合,以及管理的和决策的角色。他的关于企业家的角色界定为哈耶克(1937)所认同。柯兹纳(1973)则更强调企业家获得和应用信息的角色,认为企业家是利用机会的警觉者,把握这种机会,并通过套利运作(arbitrage type operation)使其成为市场价值最大化中的关键因素。企业家的套利行为与常态下企业主买低卖高的套利行为不同。企业家的利差是通过创新,打破旧的不均衡,找到新的均衡而获得的。哈耶克和柯兹纳都认为企业家的出现是变革时代的反映。20世纪70年代正是信息革命开始之时,比尔·盖茨、乔布斯、沃兹尼亚克等数字化信息革命时代新一批企业家群体出现。他们和前辈们一样,在社会动荡之际出现,其创新精神和实践极大地影响了社会、经济和技术的发展。

从上述史实导出的问题是:

(1) 为什么每当社会处于大动荡、大乱世和大困局之时就会出现一个创新爆发期?为什么在大创新之际,衰退的经济和停滞的社会又会再次被激活,出现不同于以前的新的态势?

(2) 为什么在这样一个社会大转型、大创新期会出现一批企业家和企业家群体,他们的杰出贡献推动了社会和经济的突变,影响了人类文明进程?

(3) 到底是时势造就了企业家,还是企业家造就了新时代?

(4) 为什么企业家的存在和企业家群体的涌现总会推动经济理论的反思或是新的经济理论体系(范式)革命?"企业家"概念的理论意义是什么?(这不是本书关注的重点,不作深入讨论,可参考《帕尔格雷夫经济学大辞典》。)

3.2 范式革命和创新发展

3.2.1 科学(范式)革命和科学发展

斯塔夫里阿诺斯在《全球通史》中指出,18世纪的第一次工业革命和19世纪末开始的第二次工业革命是科学革命水到渠成的结果,人们普遍关注的是工业革命的演变进程和具体的重大事件,而真正影响或促成工业革命的是科学革命。若没有科学革命对工匠技术的指引或结合,工业革命就不会发生。这就解释了为什么工业革命没有发生在一些工匠技艺更高超的国家(如中国)。

科恩(Kuhn,1962)在《科学革命的结构》这本划时代的著作中完整地阐述了范式革命与他的科学发展观和哲学观。他第一个认为科学发展不是线性演进的,而是非线性的;第一次提出了科学发展的几个阶段:常态、反常态和新范式下的新常态。

科学研究在大多数情况下是常态科学(normal science)指导下的常态研究(normal research),即应用现有的理论范式去解释现实世界,解决现有的和新出现的问题,从而使人们进一步认识世界,推动世界发展与进步。然而,总有一天,现有的理论(范式)会陷入贫乏和枯竭:不能解释"反常"(anomalies)的现象(如牛顿物理学不能解释光为何会弯曲),旧的模式不能解决现实问题,出现了理论与现实不一致的矛盾,即常态的科学理论对"常态"外的"反常态"问题无能为力。于是,科学革命出现了:颠覆常态的新科学理论(如爱因斯坦的广义相对论)出现,创造出新的范式。新的科学观打开了人类认识世界和解释、解决实践问题的新视角和理论,有了新的方向和方法。这种科学发展观指导了新一轮研究和探索,并以之解决社会与经济的实践问题,从而形成新一轮增长。

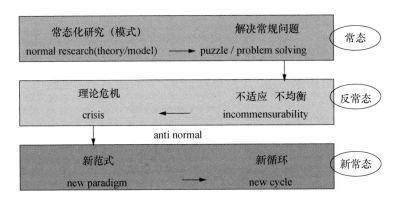

图 3-1　科恩的结构——科学范式革命

3.2.2　熊彼特的技术(范式)创新理论

马克思在1883年逝世。同年,两个伟大的奥地利学派的经济学家诞生——熊彼特和凯恩斯。

熊彼特的创新理论源自于马克思,其创新与经济周期理论显然就是科恩沿袭的范式革命理论逻辑。他认为,在大多数企业和个人组织中应用的是现有的技术和管理(理论、方法和模式),通过这些常态的投资、管理、运营原理和方法解决问题,并产生效益。随着时代的推移,边际收益会下降,陈旧的技术不能解决实际问题,旧的管理方式和发展模式已不能适应新情况。于是,矛盾、冲突、困境、困局出现了,这时新技术革命将会颠覆或者扬弃旧的技术。新的技术革命的出现,改变了生产方式,包括管理模式,范式创新将导致生产关系、社会关系的革命。一类新技术范式最终将引导社会变革,走出转型困境,开始新一轮的增长。

3.3 范式革命和时代变革

什么是范式?范式是人类观察世界的逻辑框架,是基于理论核心和一系列重要假设的思想结构。比如,牛顿的万有引力定律与爱因斯坦的广义相对论就是物理学的两种范式。

普通力学和量子力学都属于物理学的范畴,前者研究的是物体——宏观的层面,后者则是从微观的粒子出发进行研究。

古典经济学中的价格理论,假设交换发生在两种分别是同质的产品之间,如帽子与鞋子,其中帽子应该是同样的帽子,鞋子应该是同样的鞋子,才有可能确定交换的比价。竞争力(生产效率与成本)也基于这样的假设。然而,这种假设在讨论异质化的产品竞争(如品牌服装的竞争)时就不适用,因此有了产业经济研究"结构—行为—绩效"(S-C-P)范式。

3.3.1 范式的通俗化解释

"范式"(paradigm)是一个有深刻含义但很难解释的术语,与之相关的近似的概念有"规范"(norm)、"标准"(standard)、"规则"(rule)、"形式"(format)、"逻辑"(logic)等。

汉语中"范",是指模子和形范,是浇铸或塑造一件物品的过程中将流动的、无序分散的材料物质(如面粉、金属熔液、塑料)固化为一定形状器件的模具,比如铸模。

"范"形状的改变通常会改变被塑造产品的形状,比如用不同的模子浇出不同形状的金属工具。

然而,范式的改变则可能导致革命性的进步和颠覆性的结果。

如青铜时代,早先铸铜用的是石范,在坚硬的耐高温的石头上刻出所需要的形状(阴模),将两爿合在一起,将熔融的金属液体浇在石模中,冷却后打开,就铸成金属器件。这种工艺费工费时,产品的形状与质量受到工具的限制。后来,陶范出现,即用陶泥在湿的柔性状况下做成各种形状,烧结后固化,形成阴模或阳模。这种新材料、新工艺不但高效、低成本,改进了质量,更重要的是可以突破原有限制,如克服石头大小、材质差异和凿刻工具有限,能随心所欲地做成各种大小复杂的形状。这种铸造工艺因为"范式"的改变,促进了金属工具的改进和创造。生产工具的进步导致并推动了农业革命。

3.3.2 技术范式与人类的文明进步

技术范式的演进与革命直接推动了人类的文明进步。人类与智慧

第3章 创新时代的范式革命：从常态、反常态到新常态

动物的区别是，人类能制造工具。虽然猿类能用石块击打，甚至用石头作为砸开坚果壳的工具，但是不能用石头制造工具。人类能用石头制造工具，这是新石器时代与旧石器时代的分水岭，意味着生存方式的进步，人类从母系社会进入父系社会。青铜时代，人类学会了金属冶炼和铸造，工具和兵器的改进提高了生产力和战斗力，人类步入奴隶社会。铸模形范的革命，使更多的创新农业工具大大提高了农耕效率，工具革命也改变了生产关系和社会关系，于是封建社会开始了。蒸汽动力加上机械（如珍妮纺纱机）引发了第一次工业革命，而电气动力和电子通信更极大地提高了生产力，财富被以前所未有的速度创造出来，从此第二次工业革命拉开了序幕。

正是这类颠覆性的技术范式革命，创造了一个又一个新时代，推动了人类文明的进步。

所谓革命，按照科恩的理论，就是新技术范式导致结构的变化：生产结构、生产关系结构和社会关系结构。

蒸汽机的强大动力，使人类摆脱了自然力（水力、风力、畜力）的束缚，使资本从土地上走出，并在资本力量驱动下，使纺织业向城市聚集。但是，那时蒸汽机和纺纱机是需要大量资本的。蒸汽机是非自然力量中资本威权（power）的象征，蒸汽动力可以短程输送（比自然力灵活），却无法远程输送，而蒸汽机使人们走得更远。汽笛可以传送信息，却无法远程通信。因此，蒸汽机时代的生产关系是资本之下的独立机器，劳动是机器附属，社会关系结构的主宰是资本威权，是"大鱼吃小鱼，小鱼吃虾米"。电力电子技术颠覆了此种结构，电力（以及内燃机）是更灵活、更强大的动力，电力可以传输得更远，传输成本更低，电话、电报通信可

企业家和创新创业精神

以超视距、超声距交流沟通。靠电力生产组织可以链式联结,靠电报、电话通信可以从一对一到一对多,进一步形成中枢交换的通信。第三次工业革命,特别是数字化信息技术、移动互联网以及新能源和分布式能源,从根本上改变了工业文明时代的关系与结构。移动互联网经济是超时空、超资本的,这种网状结构从根本上区别于资本威权中心结构。人们在互联网条件下更平等、更自由,资本已不是唯一要素,在多数情况下甚至不是主要要素。在移动互联网条件下,有更多的创新空间、更少的限制、更丰富的创富资源以及无限的机会。

移动互联网颠覆了资本威权,改变了链式、线型关系,"网"和"云"的结构出现了。

示例3-1 重新认识互联网

互联网或许是一种不同于传统媒介的"高维"媒介。它比我们过去所面对的那些传统媒介多出了一个维度,生长出一个新的社会空间、运作空间、价值空间。简单地说,高维媒介是不可能用传统的媒介的运作方式和管理方式去运作和管理的,用低维的方式去管高维的事务是没有用的。从活字印刷术到书刊出版,从报纸刊物到广播电视,形式上虽有了很多变化,但都是以机构为基本单位加以运行的。互联网恰恰激活了比机构更为基础的社会基本要素——个人,使每个个人都成为这个传播系统中的一个元素、一个基本单位。互联网激活了社会底层的元素级基础,使它焕发出完全不同于传统社会的新样貌。

互联网是一个无限性的平台,在这样无限的传播平台上,主流媒体打造自己影响力的方式却是传统的,即用有限市场的逻辑和空间的概念去搏无限的互联网。比如,我们习惯于用规模化的群狼战术或"造大船"的方式在互联网上试图建立自己的影响力。问题是,如果做的App、客户端,不是按照互联网发生作用的机制去运作和传播,就算做很多,人们也可以简单地搁置你、规避你。①

3.3.3 工业文明中的技术范式革命

工业文明在短短的两百五十多年时间里快速发展演变,生产力成千倍地提高,财富以数万倍的速度增长,其中不仅发生了动力和机械的革命,还发生了影响人类文明史的大量的技术范式革命。如印刷技术,从刻版印刷到活字印刷,表面上看印刷原理是一样的——将墨涂刷在母版上(刻版或活字版),再印在纸上。然而,这是两种不同的"范式",后者在印完一部著作后可以将活字重组,再被用作印刷其他文字版本。前者则做不到,新印本必须重新一字一字"重刻"。活字印刷的模块(字)重组是新的范式,因为字模元素变了,组合方式变了,流程变了,而结果更是颠覆性的:更快、更灵活、更方便,成本更低。在第一次工业革命中,蒸汽机械的最早应用之一是印刷机,而机械印刷的基本范式是活字印刷,这使得大众平面媒体开始高速发展,对文明进步的意义不亚于纺织机械的发明应用。

数字化喷墨打印技术是印刷术上的另一场技术创新,是结合电脑控制数字化技术的范式革命。此时打印的模块是像素(点)而不是字,这使得再复杂的图像打印也和文字打印一样简单。更重要的二维打印技

---

① 参见喻国民:《如何扭住互联网的"龙头"》,载《人民论坛》2015年第13期。

术范式革命是激光打印,因为激光"打印"不仅可能"印上"字或图像(做加法),还可刻蚀烧灼(做减法),这使印刷变得高效、精确、快捷、便利、多彩,更大众化,也更平民化。这对思想的创新和文化的传播也是颠覆性的。这种新范式更广泛应用于印染制版、裁剪与切割。更重要的是,激光打印范式使"打印"应用于大规模集成电路——这才是真正的伟大革命。现在的移动互联网的一切技术以及智能手机、平板电脑等由此成为现实。实际上,这种激光打印(烧灼)因能控制打印深度而先期实现了"三维打印"的概念。

当两维(点阵)打印取代了两维印刷,当打印的墨水改由激光束墨粉取代时,两维打印已开始有了质的变化。进一步讲,当用两维打印的原理以激光在印刷版上烧灼出图形、集成电路等时,已经不是传统意义上的"打印"或"印刷"的概念。严格地说,这时两维打印是一种区别于传统印刷的新的技术范式,没有这种范式革命,就不可能有那么多新的应用。特别是这种范式革命引发了一系列大规模集成电路(IC)的革命,乃至信息革命。

现在的3D打印与激光打印又是不同的技术范式。许多人认为3D打印仅仅可以打印出立体的复杂性状的物体,这种想法并不正确。虽然这是3D打印应用的重要方面,比如打印出个性化的产品、人造关节等。但是3D的概念、方法与应用远非这些。打印的"墨水"材质可以是液体、固体,可以是粉末、高分子材料(纳米级),可以是多种杂化材质,也可以是有活性的生物质,还可以形成微观层的独特结构。打印方式可以是喷射,熔融挤塑,也可以做减法,刻蚀激光。这些都可以在3D空间,用多种材料,以数字化技术精密控制。3D打印有无限的组合,也有无限的可能。这种技术范式的颠覆可能会改变许多产业,创造出想象不到的应用(这尚待读者去天马行空地想象)。

3D打印已经不是传统的打印,也不是在三维空间上喷涂塑造复杂形态的三维物体,其应用远不止这些。人造骨骼、有生命活力的机体、3D打印建筑、3D打印复杂部件,这些是我们已经获得的"东西"。如果仅以"打印"看待3D打印,我们可能忽视四维的应用——"墨"在不同时间,以不同的方式和不同质性,会衍生出革命性的结果。3D打印也可能造福人类的日常生活。例如,时装设计师拉格菲尔德就将3D打印技术用在女装的设计和制作上。

示例3-2 3D打印不仅是打印机技术

3D打印是21世纪最伟大的创新之一。

很多人以为这只是从平面(两维)到立体的打印,甚至有些专家认为这只是打印机技术的扩展。他们对"草根"们关于3D打印的理解和应用嗤之以鼻。然而,这些专家可能是错误的。

3D打印是范式革命。

相对于机械制造中的车铣刨磨的"减材"加工,3D是一种"增材"技术。因为是增材技术,所以:

(1) 3D打印的物件成形可以从里到外,也可以从外到里,而车铣刨磨通常是从表到里。3D打印显然比减材技术的传统工艺更灵活,可以加工想象的任何"东西"和物件。

(2) 3D打印可以在三维空间任何点上定量地精确打印,而不会浪费冗余,从而大大节省原材料和缩短流程。

（3）3D打印可以在三维空间任何点上打上需要的不同材料（传统工艺中的被加工毛坯一般是同质的）。"墨"是3D打印的基本元素，这些元素可以使不同的材料以不同的方式组合（混合、化合）在一起。3D打印的同时，也在创造新材质。3D打印不仅仅形状多样，而且能创造组合多样的材质，拥有无限的变化，这已经是四维。

（4）假设打印的材料是有生命的生物质，有编码的基因，那么3D打印可能创造生命器官（形态）。

（5）与平面打印的发展演变一样，3D打印的"增材"之"增"是一个矢量，增值是负的，那就是减材。平面打印从喷"墨"到激光，再到激光刻、烧、灼；在三维空间，则可以加加减减很"任性"。试想，当增与减同时进行或交叉进行，又会怎样呢？

（6）回到对3D打印机的关注，这是3D技术的核心。应该知道，3D打印作为一种新范式，其实践应用不限于金属微颗粒的喷熔黏结，也可以像注塑机、高分子喷丝头等或上述组合。通过3D打印，可以将金属、非金属、人造高分子材料、天然物质、杂化纤维、生物医用材料等各种性质的元素组合在一起。

千万不要以为3D打印技术只是打印，20世纪中后期两维打印技术的惊人发展和广泛应用正是突破了传统的打印概念。3D打印技术的颠覆性远远超越当时的2D打印技术。

尽管上述表达在有些专家眼里不一定"专业"，但这就是新范式即将诞生之前所作的探索认识，而专家们的"专业"知识有可能束缚创新或是"新瓶装陈酒"。

3.4 范式革命和创新

3.4.1 常态—反常态—新常态

范式革命反映了科学发展过程中的突变阶段,反映了经济发展周期规律以及事物演变的逻辑,也反映了人类认识世界和创新活动的过程。

大多数情况下的科学研究是常态研究,即运用既有的理论解释现实世界,揭示事物的内在规律。然而,随着研究的深入,既有的理论无能为力,无法解释现象,这就出现了矛盾,理论与实际发生冲突。即常态的理论无法解释反常态、非常态。这就需要通过范式革命,建立新的理论框架。因此,"反常态"往往是范式创新的契机,一旦新理论突破原有理论框架并被证明是"真"的,科学便进入一个"新常态",人类在新的理论下开始新一轮的科学研究,并将研究成果用于指导人类的活动。科学革命开启了人类认识世界的窗户,这种基础性的革命往往会引发一系列技术革命,促进人类取得阶跃式的进步。正如我们已经讨论的,第一次工业革命是第一次科学革命的结果,第二次科学革命启动了第二次工业革命。

在经济发展的循环周期增长图景中出现同样的样式,在多数情境下,人们按既定的经济理论下渐进式的经济发展模式制定政策,用既定的管理模式指导企业管理,用通用的决策标准化流程,做投资,做事业。然而,这些常态化管理随着经济环境与发展阶段的变化,原有理论原则不再适用于原有的生产关系,社会关系束缚了生产力的进一步提高。摩擦性结构失衡,大量的社会与经济矛盾冲突出现,这就是反常态。于是,需要一种革命性的结构调整和转型,需要经济发展理论、管理模式的创新。转型后的经济在新的理论、政策指导下进入新常态,社会进入新一轮的发展期。

3.4.2 技术创新:颠覆性创新和演进性创新

对应于范式革命过程,颠覆性创新(disruptive innovation)通常是指类似范式革命的根本性创新,是"质性"的创新,是从反常态到新常态的创新,或者是指否定原有"常态",走出反常态,而导入新常态的创新。演进性创新(incremental innovation)通常是指在"常态"下的增量式创新。例如,在原有技术和装备条件下挖掘潜力,提高转速,降低成本,这种演进式的创新同样很重要,同样可以提高技术水平和生产率,推动经济发展。对于中国,渐进式地提高技术和管理水平是基础,只有进行这种技术创新积累,才可能实现从量变到质变的飞跃和跨越。

然而,当陷于常态困境时,唯有颠覆性的创新才能实现"蝶变",突破困局,实现新一轮的发展。另一种情况是,颠覆性创新常常会使过去常态化的创新归于零。

3.4.3 技术创新:原创型创新和模仿创新;自主创新与集成创新

原创创新

原创创新,是指创新(技术)是创造者首创的。与此相对的是模仿创新,是指仿照、学习他人的原创技术后的创新,包括应用领域创新、应用方法创新或相同技术的产品创新等。模仿创新只要不违反知识产权,是追赶者踏在巨人肩膀上跨越,跟随并利用后发优势超越领跑者的聪明做法,可以少走弯路,截弯取直。然而,一旦从追赶者变为领导者,唯有不断进行原创性创新活动才能保持领先和可持续的竞争力。

自主创新

自主创新是依靠自主力量创新,靠的是完全掌控创新技术、诀窍、专利,创造者占有完全的技术优势。但是,现代技术创新往往涉及多种技术、多门专业知识,创新的成功可能需要原料创新、在制品和成品创新,需要市场化渠道,需要新装备支持。现代技术创新的成功市场化,要求新产品方案和实施策略在很多情况下协同、整合,这就需要集成化的创新。在这种情况下,创新体系与机制设计尤为重要,而掌握核心环节、发挥主导作用将是关键。

3.5 企业家:非常态下的颠覆者和新常态下的创新者

回到本章开始的问题:

在社会和经济处于"反常态"时,科学革命成为技术革命的先导,技术范式变革往往成为解决困境的"契机",进行技术的创新性革命,引进新的要素,改变要素的边际收益,这导致要素的重构重组。

此时,企业家成为这些突破的关键角色。在"反常态"下,企业家常常本身就是技术创新者(如富兰克林、爱迪生),至少对新技术(包括他人创造的)保持高度敏感,对技术革命可能导致的结果保持警觉,他们通过自己的创新或将他人的创新用资本纽带联结,将生产要素组合在一起。他们更是管理的创新者,创造了新的需求、新的价值和新的市场,开拓了新的领域、新的商业模式，构建了新的商业联盟，并以产品和商业模式创新，创造了新的产业，开辟了一片"蓝海"。

"反常态"让一般人陷于困境而不能自拔，却激发了一批创新、创业的企业家，正是这样一批企业家带领或推动我们从"反常态"向"新常态"跳跃。"反常态"造就了一批企业家，而企业家改变了"反常态"。当前我们正处于非常态的时代变革期，承担历史角色的企业家必须具有非同一般的思辨精神、创新精神和创业精神，并承担变革给企业和个人带来的巨大压力，将之化作创新动力；同时，必须具有决断精神以及独特个性、素质和才能。

企业家和
创新创业精神

第 4 章

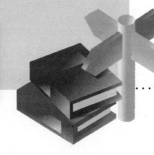

企业家精神之一:
企业家哲学与创新思辨

第4章 企业家精神之一：企业家哲学与创新思辨

> 思想市场的发展将会让知识与创新引导中国的经济发展。更为重要的是，这会使中国在同多样的现代社会融合的过程中，实现传统文化复兴。那时，中国将不仅仅是全球的生产中心，也是创造力与创新的源泉。
>
> ——罗纳德·哈里·科斯、王宁：《变革中国：市场经济的中国之路》

我们缺乏创新，但更缺乏带有时代印记的革命性创新；我们有创新天赋，但缺乏创新思辨；我们少有创新能力，但更缺乏将创新转化为生产力的能力；我们需要创业，但更需要通过创新，重组要素，开辟新的产业领域，拓展新的市场，推进新一轮增长的创业。我们需要投资者、企业主、经理人，而当今中国与世界经济的振兴更需要兼备创新和创业能力的企业家及企业者精神。

对于历史名人富兰克林、爱迪生、福特，当代的比尔·盖茨、乔布斯，中国的任正非、刘永好、马云、雷军等，世人看到的是他们令人炫目的财富、名声和成就，却较少关注他们的商业智慧和聪明战略（smart strategies），以及成就这一切的艰辛历程和精神力量。

哲学思辨是智慧的根源，使企业家区别于那些巧取豪夺（也是一种

企业家和创新创业精神

聪明,也是一种战略)和狡猾行事的商人。企业家有质疑与批判精神,也有创造力与建设性,区别于动荡年代的"愤青"、犬儒主义、民粹主义或者"痞子文化"。处于这个复杂的时代,需要摆脱常态下的思想束缚,改变"红海"秩序和格局,跳出习惯思维,在常人精神世界之外思考和探索未知,这使得以上那些时代的企业家形成独特的哲学观和创新思辨精神。

示例4-1 李开复的"死亡学分"

52岁生日前,李开复被诊断出绝症。在死亡线上走过一圈,经历了心理和生理的折磨,17个月后,李开复回到北京,重新站上工作岗位,但已彻底改变了生命观。

人是平等的,在死亡面前无高低之分,过去作为最优秀的创业者,只和顶尖的人交流,或傲慢,或骄傲,现在学会以平和的心态,将时间分配给不同的人,珍惜与每个人的每次相遇。

死亡是必然的,也是要直面的,重要的是应该把每一天都当作生命中最特殊的一天来过,做自己特别爱做的事。

英文谚语说:"生活的时候,把每一天当作最后一天来过,学习的时候,把自己视为永生。"学习让你看透,愿意分享,帮助别人。

面临微软官司时,觉得人生不会再有更大的挫折了,经历死亡,什么事情都是小事……

4.1 企业家的人生观、世界观和哲学观

企业家是"反常态"环境条件下的创新实践者,更是创新思想家。无论是"反常态"和"新常态"的全球时政或中国转型经济,还是处在"非常

态"的产业环境、企业生存状态之下,抑或人生阶段,这些充满冲突、矛盾、困境和挑战的情景,迫使企业家去思考人生和世界,去解惑、探索世界和人生之道。在这样的环境中,传统思想的苍白与贫乏给了他们思考的空间,芸芸众生的无奈给了他们责任,现实世界的昏暗与愚昧练就了他们明亮的眼睛和锐利的心智,信仰与精神的缺位给了他们思想自由。

一个不圆满的或者说咬了一口的苹果,这实在是乔布斯和他的公司的精彩写照。他本人一生充满坎坷,在最可辉煌的年纪又被查出癌症,这是常人难以承受的打击。但是,他最后感悟生命之价值,"将每一天都当作生命的最后一天,把死亡看作上帝的礼物,淡然地对待生命的新陈代谢"。

乔布斯作为苹果的创始人,却被董事会解除职位。在离开苹果的日子里,他创立了皮克斯和 NeXT 公司,前者与迪斯尼拍出《玩具总动员》这样的票房巨作;后者虽然市场业绩乏善可陈,甚至多是失败,却给他东山再起的历练,奠定了他回归苹果的辉煌。"被世界驱逐的人,终于赢得了自己的世界。"(尼采语)乔布斯从"东方禅"(zen)悟出"空即存在,无即有,苦行和极简将会使人更加敏锐,匮乏即富足,自律产生喜悦"。这不仅成为他的信仰,也体现在他的产品设计中:精寓于简(Simplicity is ultimate sophistication)。

马云年轻时备受歧视,这些白眼、冷漠和刻薄足以击倒大多数年轻人。马云在公司成立周年庆时感慨道:这些失败才是公司最宝贵的财富。

富兰克林一生都在探索世界,乐此不疲,甚至冒着生命危险接近和引导雷电。他有一句名言:"2%的天才,98%的勤奋。"容易被人误解的是,他的原意是天分更重要。

伊士曼一生发明创造无数,藏姓匿名做慈善,崇尚公益,特别是用摄影留下世界美的记录。1932年,他留下遗言:"我的工作已经完成,还等什么呢?"然后,坦然自绝。80年后,乔布斯在绝唱中辞世。

许多人会想:资本家为了逐利,企业家的人生是为了什么?事实上,这些企业家未必完美,无论动机是什么,为钱,或为名,或为了解探索世界,或为了追求真理,或为了追求美好生活,他们的共同点是:试图创造价值和新的东西(creates something new),他们这种创造并不总是功利主义的。王石登遍五大洲的高峰,是因为山在那里。企业家有很高的共同事业追求:将物质转化为资源,将资本转化为生产力,将生产力转化为福利……

示例4-2 大学生创业为了什么?

上海市教委关于上海大学生创业现状的研究中有关创业动机的调查结果显示:

因就业困难而选择创业的仅占0.5%,实现个人理想和自我价值与提升能力素质的占60.6%,遇到创业机会的占25.7%,赚钱的占12.5%。这个结果很有意思,也值得高兴,说明当前大学生创业有很多机会,也说明当前大学生创业者具备企业家的原始潜质,还说明"创业为就业论"不符合逻辑,尽管创业确确实实创造了大量就业(而不仅仅是本人就业)。①

---

① 数据来源:东华大学课题组(2015)。

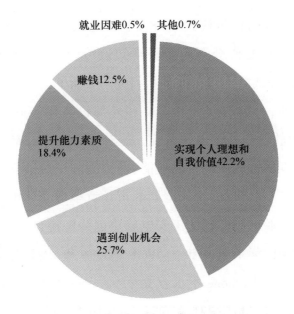

4.2 企业家的创新思辨能力

生活在一个充满困难、困惑、困境的时代,一个充满矛盾、冲突、反常、不协调甚至混沌的环境里,企业家需要一种能将无序混沌理清的结构化思维,需要在陌生的思想海洋中有自辨方向的能力,需要在盲目的群体甚至愚昧中有"鹤立鸡群"的明辨和觉悟,需要在物质化的欲望中追求形而上的境界,这使得他们有独特的思维方式、生活哲理以及商业智慧:求索似渴,大智若愚(stay hungry, stay foolish),以及真正的艺术家简约(real artists simplicity)。

人们赞赏企业家的创新能力,更惊叹他们像哲学家一样思想。所以,有人把企业家称为"企业思想家"。

20世纪70—80年代,当IBM推出个人电脑PC机时,首先颠覆了IBM做中型和大型计算机的组织架构和运营模式,创造了更扁平灵活的

企业家和创新创业精神

研发组织以及开放的销售模式。令人不可思议的是,IBM将IBM-PC关键的总线结构与核心码公开明示。要知道,这是企业的技术诀窍。然而,这却让IBM在战略上占得了先机:IBM-PC无形之中成为个人电脑的行业与产品标准,大量的软件开发商和外部设备供应商开发出与IBM-PC兼容的应用软件和外设硬件系统。这对于用户和IBM公司都意义非凡。苹果计算机尽管有其独特的性能,但因为其相对独立、封闭的系统,排斥软件兼容,在此之后的个人电脑的市场竞争中总体上处于下风。当时处于计算机行业巨头位置的王安电脑更因为坚持自己的体系而倒闭。

进入21世纪,苹果公司推出iPod、iPhone和iPad,称之为"数字中枢"(digital hub),即iPhone不仅仅是手机,iPad不是作为工具的电脑。这些数字中枢提供的是"端对端"的产品与服务,而不需要用户去设计、编程和分析处理,不再需要这些工具软件,甚至不需要输入输出的外设与接口。没有键盘,没有驱动,可以直接获得视频、音乐、游戏、导航等无数个你能想象的产品与服务,而此时这种"端对端的控制"恰是对IBM-PC模式的否定。

苹果公司这种产品概念的颠覆,使原先个人电脑越来越多的功能,以及为了这些功能而配置的大量接口、外设、连线、键盘等成为累赘。从个人电脑变为平板电脑,从手机到智能手机,极繁归于极简。然而,这种"简约"绝不简单,它更丰富、更精致、更强大、更方便。这种"简约"战略与单一专业化和密集型战略本不是一回事。

乔布斯对苹果的产品创新也彻底解决了个人电脑的困境:日益繁复的操作和丰富的功能与消费者便利简单的操作和更高的需求之间的矛盾。

这里并不是评判 IBM-PC 的开放系统与苹果的封闭系统孰优孰劣，系统的优势和成功与否与不同情景、不同企业战略和执行力等有关。这种批判性和否定之否定思维是企业思想家的智慧体现(如安卓也是一个开放系统)。

这种智慧与企业家的生活哲理有关——"苦行和极简将会使人更加敏锐,匮乏即富足,节俭产生喜悦。"

智慧也来自于企业家的不同凡思(think different)，即反常规、反逻辑、反传统、反主流、反习惯的辩证思辨与批判精神。

示例 4-3　苏宁的云商

互联网下的跨界并不是如常人所认为的或如许多人在做的,抓别人地盘,争他人市场。

苏宁是销售家电的巨型企业,长期以来与永乐、国美的竞争纠缠,成为一个话题,也是一个问题。

苏宁推出的"云商"概念,让人们看到以创新摆脱纠缠,追求新境界的新路径。

依据云技术与苏宁实体网络和配送系统,苏宁的云商提供了线下体验,扫码订货,而货品已远不止家电。一个来自云端、落在地上的云商模式已初见端倪。这也给处于"云里雾里"的实体企业和内容产业新的机会、新的渠道、新的窗口、新的合作方式。

4.3　两难与悖反——智慧的试金石和创新之源

既要操作简单,又要功能丰富,这是个人电脑产品发展中的两难。

"精寓于简",这是一种悖论。两难与悖反是反常态和新常态中的独特现象,也是智慧的试金石和创新之源。

德鲁克认为创新常常来自于不协调(incongruity),科恩认为科学范式创新是因为矛盾(incommensurability)和反常(anomalies)导致的理论危机,即用原有的科学范式无法解惑(solving puzzles),这种危机和旧理论的贫乏迫使科学家们寻找新的理论,推翻旧的概念框架。

因此,科学、经济和社会发展中的两难与悖论是创造新理论、新方法、新模型、新模式的动力,而这些表面看来是反常态的矛盾以及出乎意料的、违背常理的现象和事实,却是创新之源。企业家善于发现这些冲突矛盾、反常现象背后的问题实质,并善于提出解决办法。

示例 4-4 防霾口罩的两难问题

北京等中国大城市遭受的因自然环境被破坏而引起的沙尘、工业粉尘和矿物燃料造成的雾霾已成常态。口罩成为日常生活必备用品。

但是,佩戴舒适、呼吸顺畅、防霾效果好却成为不能兼顾的难题:为了防尘效果好,就要加厚层数,加密织物,缩小孔隙。但是,这会使呼吸不顺畅,过细密的孔隙也容易被堵塞。因此,只从织物材料上作改进似乎无解。尽管厂家仍在纤维表面的物理特征上不断改进,但效果有限。

转变视角和思路,可以通过改变口罩形状——从平面改为折页或立体,从而增加表面积,提高透气性能,或者安装一个呼气单向阀,至少可以使呼气不受阻碍,或者设计一个主动式吸气泵等。还有其他方法吗?

当然,一旦雾霾问题没有了,这些努力显然就失去了意义。不过,既要工业化,又要低碳以减少粉尘,这是一个更大的两难问题。

4.3.1 两难困境(dilemma)

什么是两难困境？为什么会出现两难困境？

两难困境是一种情景(状况)：人们不得不在两个事物和行动中作出抉择。

比如，对很多年轻女性来说，家庭和事业就很难两全；在市场经济中，一定的失业率可以保持个人求职的压力与对工作的珍惜和进取心，可以减少工人的流动率，但是过高的失业率可能导致很多社会问题。

又如，在时尚产业中，消费者一般喜爱时尚化、个性化而又低价的产品。但是，对企业来说，快时尚和低成本很难兼顾。对个性化、差别化的产品，企业很难规模化、量产化。品牌企业既要保持其产品的独特性与稀缺性，又要大规模生产和大量销售，这显然是矛盾的。

在转型的中国经济中，一个棘手的问题是："宽松"还是"紧缩"？这考验着决策者的智慧，迄今仍缺乏有效的根本性措施，仍是一个巨大的挑战。宽松的政策会推动增长、活跃需求，有利于出口，而一旦宽松，物价就会上升，经济会过热，民生不安定。更麻烦的是，一宽松，资金没有流向最需要资金的实体内容产业，而是走向股市投机，形成泡沫；而一紧缩，受伤的却是民生产业，而且还是实体产业。"中等收入陷阱"就是一个典型的两难困境。中南美洲国家在很长一段时期内陷入泥潭而不能自拔。可见，大到全球经济，小到企业和个人生活，都会出现两难困境。

两难困境与困难的区别

两难困境与困难看来相似，却大不同。如某人手头拮据，生活很困难，他可以精打细算，总能找到相对较优的决策，或者可以设法去赚钱。

钱少可能对许多人是困难因素,这种困难可以找到一个相对较优的方案(可能不是满意方案),这不是两难。困难是执行的难度,两难是决策的难度。

中国在20世纪80年代中由于缺资本、缺外汇,搞基建投资和引进先进设备很困难,这是困难。现在中国有将近4万亿美元外汇储备,40万亿人民币储蓄,是世界上最大的债权国。中国人不差钱,但是存在大量的两难。比如,在全球经济危机中,债券是增持还是减持?减持会使在仓的债券市价下跌,而增持则害怕对方"宽松",债权货币会贬值。当前的中国要比20世纪80年代缺钱的中国面临更棘手的问题。当然,有钱的中国有更大的策略选择空间,回旋余地较大,调节控制"工具"更多。

当前,世界和中国面临的非常态(反常态、新常态)下常见的两难困境有:

全球经济发展与全球气候变暖问题

发展中国家与欠发达国家的制造业发展和环境污染问题,先增长还是先治理,生存还是可持续发展?

管理中的两难问题

个性化的市场需求和规模化的生产经营,要满足个性化、时尚化、多样化的需求就要小批量、多品种生产,就要增加管理与生产成本,无法使用高效的标准化装备。

短期利益和长期利益

企业短期目标的重点是活在当下,使员工和管理者有可以看到、拿到的利益激励。然而,企业往往会忽视长期发展,有的员工和管理者也不愿为未来做贡献,这无疑是在损害企业长期的根本利益,只顾眼前利益最终会葬送全体利益(悖反)。

公平与效率问题

改革开放初期,"让一部分人先富起来",使人们释放出极大的致富热情和投入经济活动的积极性。然而,当一部分人并未对应享受到改革红利,分配和机会不公平,会挫伤其中很多人,特别是劳动者的积极性,甚至造成社会问题。

劳动者与企业问题

这是一个永恒的问题。工资福利增长会提高员工积极性,进一步提高他们的购买力,产生正能量。但是,工资平均每五到六年翻一倍,这已成了企业(特别是微利型和劳动密集型产业)不能承受之重。中国要在2020年全面实现工业化和全面小康,这两个目标总体上是相向而行的,在实际执行时是有冲突的。劳动者收入的提高符合民生民意,却会增加企业的成本。当GDP增长并没有转化为消费者购买力时,经济增长会变得乏力,社会产品过剩也就发生了。

4.3.2 悖论或悖反律(paradox)

什么是悖论与悖反律?为什么会出现这类矛盾?

悖论与悖反律

这是一种看起来自相矛盾,却可能是正确的表述或命题。比如,"变化是亘古不变的",看似矛盾,却是真理。再如,"多难兴邦""欲速则不达""退一步,进两步""失败乃成功之母"等。

悖反现象和悖论看似不合逻辑,实际上是区别于常理的新的逻辑,反映了事物发展的否定之否定的辩证过程。悖反与自相矛盾不一样，后者是一种逻辑谬误，违反了事物发展规律。

从常态到反常态或新常态的突变阶段，大量的悖反现象出现。

例如，节俭悖论：在经济衰退期，大多数家庭的本能反应是节俭，以渡过难关。然而，这种节俭的集体行为却会导致一个相反的结果：经济发展的引擎失去动力，经济会变得更糟糕。

出口悖论同样是典型的：一个国家强力推动出口（并抑制进口），保持巨大顺差，反映出口竞争力。但是，巨额顺差的结果是本国的货币会升值，从而反过来会使出口的价格竞争力下降，使出口萎缩。

在企业管理中，也有大量的悖反现象。例如，时尚产品一旦大规模流行，就不再是流行时尚了。同质化扩大销量的结果是市场拒绝"me too"产品，这类产品销量下降，更糟的是使企业的产品形象与声誉下降，导致其他产品销量也会下降。

悖反（悖论）是一类反常态现象，按常规的逻辑看起来是错误的，实际上却可能是对的。这种现象的出现表明事物处于一个新的阶段，或突显其真的一面，需要重新认识，并正确应对。悖反往往是理论和模式创新的契机。例如，"节俭悖反"使经济学家找到在经济危机中通过投资与消费刺激经济复苏的办法。斯密悖论，即"每一个体都为私利，然而为私利的行为使整个社会福利增加"是市场机制的基础。

悖反（悖论）是理论范式革命，也是企业家创新的源泉。企业家对产业和市场中这类"反常态"的现象十分敏感，这使他们能更深刻洞察其中玄机，磨砺了思维的锋芒，激发了灵感，造就了巧思辨的能力。在新常态下，企业家的这种思辨能力使他们更能理解新常态，明辨新常态，适应新常态,引领新常态。

> **示例 4-5** 商业模式 = 技术范式 + 管理范式

张瑞敏提出的按订单生产营销的想法最初被认为没有新意,这是企业经营的基本原则。

但是,海尔以大数据和互联网为基础,以先进智能化生产线为支持,以大规模个制化原理指导的模式,则是颠覆性的。企业已不是原料—半制品—成品—销售线型生产加工企业,企业组织也不是金字塔状的。海尔以顾客参与的产品创造和个制生成的敏捷生产计划与精益流程,跳出了同质化、低价竞争的俗套。为适应瞬息万变的市场需求和技术创新,海尔一改常规巨型企业的架构,成立了千人微创团队,重组企业的 DNA。

4.4 两难与悖反的解法:创新思辨

所谓"解法",即如何解释(解惑)、如何解脱(解困)、如何解决、如何解析两难困境和悖反现象。

4.4.1 理论和思想方法创新

两难和悖反是"反常态"下出现的思维逻辑冲突、理论危机、思想误区与困惑,因此必须扬弃原有的理论体系、思维逻辑和思想方式。

以工业文明的思维,把所有的产品都当作大规模生产的工业品,竞争的重点就是效率和成本,这种同质化、规模化竞争或"追底杀低",对当前成本、产能过剩等问题无解。这种模式加剧了困境,显然走进了死胡同。只有通过产品差异化,甚至创造新的产品概念,才能柳暗花明。

乔布斯认为,转型期"战略的重点不是提供什么,而是抛弃什么"。

4.4.2 前提与条件改变的对策改变

两难和悖反是"反常态"下凸现的反逻辑现象,是在与旧常态不同的情境下发生的,因此必须审视背景,推翻传统方式所基于的条件与前提。

例如,20世纪80年代,中国企业的重点是增加产量,赚外汇。因为那是一个短缺的经济时代,国家急需外汇。现在则截然不同了,中国不差钱,也不差外汇。一味地低价出口,对人民币升值形成的进口业务与商机却视而不见,就会错失全球化下的创业机会。

4.4.3 抓住要点,提纲挈领

两难与悖反往往纠结在一起,有许多错综复杂的因素,因此不能就事论事,不能"见木不见林",必须综合考量,全面解决,解构分析,在新的关系与结构的基础之上,梳理出所有困难的关键点,从而提纲挈领。

比如,19世纪末20世纪初的市场过剩的症结是自由资本主义市场制度下的社会剩余,不是仅靠刺激需求和压缩产能所能解决的。现在需求疲软,消费乏力,有供方的问题,也有需方的问题。从需方角度,可以增加收入,增加工资,推动购买力,却会增加成本和产品价格;从供方角度,可以提供高品质、优性能的产品或降低成本。然而,上述两种方法是矛盾的。为什么说福特革命是巧妙的战略?因为它解开了"结",全面解决了所有问题(见示例1-1)。福特的工资倍增计划使工人的收入增加,使社会财富增加,从而使汽车销售上升,进而降低了成本价格,一招解开所有矛盾的症结。

4.4.4 多种视角,开放疆域

两难困境和悖反现象的大量涌现,是因为事物不断成长,使生存空间变窄、拥挤,以原有的视角观之,束缚了思想与行为。

因此,企业家不仅要从技术经济的视角,还要学会从艺术视角、文化视角、社会视角和心理视角,去分析市场和消费者。

解决企业的问题,不只是生产技术的问题,也可能是社会学的、人类学的、政治学的问题。

4.4.5 解构与重构

从反常态到新常态是结构的"革命",两难与悖反问题的出现大多数是结构问题或结构的改变。比如,传统的竞争模式就是基于"食物链"的结构——"大鱼吃小鱼,小鱼吃虾米"。相应地,企业的生存法则是弱肉强食的"丛林法则"。在移动互联网条件下,价值关系已超越了链式,更不是弱肉强食,"虾米"可以成为市场主导,小米可以成为产业领袖。顾客可能参与产品设计与制造,不只是付费者,而成为财富源泉。因此,要对"价值拓扑结构"分辨解析,实现价值重构。

4.4.6 管理拓扑结构

在管理实践中,有一条短板理论:决定企业的竞争优势和能力是企业最短缺的那一部分,而不是有其他多少优势。正如一个木桶,其盛水的最大容量不取决于组成木桶的其他长板条,而是取决于最短的一块板条。这是一个十分形象的比喻。在企业管理中,这块短板也可能是短缺的要素:原料、劳动力、设备等。在线性规划中,这些是紧约束,一旦能放松约束,就可大大提高产出。这种短板也可能是企业管理的瓶颈或战略的弱环。这个理论的基本假设是:木桶是一个封闭的系统,是一个单纯的拓扑结构。

当一个木桶通过短板缺口与另外一个或几个木桶构成一个新的拓扑结构时,木桶之间通过缺口可以相互"交流",原来的那个木桶是新系统中的"汇"或是"源"。这时,短板缺口就不再限制木桶容量,而可以通过这个缺口实现要素流动与资源交换,变劣势为优势,创造出新的要素流动重组和财富增长模式。

4.5 企业家的创新思辨与实践

企业家的创新思辨,不仅主导了他们的生命观、价值观和世界观,更决定了他们的创新实践。哲学是使企业家聪明的学问。

凭着非同一般的对两难困境与悖反矛盾的警觉,以及反逻辑的思维方式,企业家才能从困境中突围,从泥潭中踏出坦途,从错综复杂的矛盾冲突中找出症结并化解之,从"红海"中开拓"蓝海"。

从平价和时尚化的矛盾中引出了 ZARA 和 H&M 的快时尚商业创新模式。

iPad 和 iPhone 等数字中枢的产品概念,使苹果颠覆了电脑和手机产业及市场。

面对市场多样化需求和规模化生产的矛盾,才有了丰田的适时供货

(JIT)精益系统,从而超越了福特生产模式。

单位产品流水线(UPS)源于传统标准缝纫流水生产线,极大解决了个性化需求和规模量产的矛盾。红领集团更是以 UPS 和大数据智能技术,支持创建了大规模个制,用于一对一的高级定制。

"欲取之必先予之",对于供应商、客户和员工,必须先考虑他们的价值取向,满足他们的需求,才能最大限度地发挥生产链和价值链网络系统中所有利益相关者的积极性和创造活力。这已成为商业模式创新中的出发点。

企业家和
创新创业精神

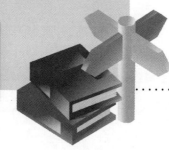

第 5 章

企业家精神之二：
创新精神及创新能力

第5章 企业家精神之二：创新精神及创新能力

现在"中国制造"在世界各地随处可见。但是，几乎没有多少西方消费者能记住任何中国品牌。两个世纪前的英国工业革命推出许多新产品并创造了新的产业。令人感到奇怪和不幸的是，今天的中国工业革命远远不够创新。

——罗纳德·哈里·科斯、王宁：《变革中国：中国经济的市场之路》

由于企业的目的是创造顾客，任何企业都有两个基本功能，而且也只有这两个基本功能：营销和创新。

——彼得·德鲁克：《管理实践》

创新是生命力的标记，是发展进步的动力。

生物界任何生命体都在持续地吐故纳新以求繁衍生存，通过变异与交流不断地改进自身基因以进化升级。只不过生物界的进化是被动的，是物竞天择的结果，"新"不是"自创"的。主动创新是人类独有的，这使得人类处在生物系统的顶层。创新使人类文明不断进步，使生产力不断提高。创新是企业永续发展的动力，是竞争力的核心。创新应是永续发展的健康企业的常态活动。

当人类处在发展的"非常态"下，在社会转型期和经济危机期，创新

企业家和创新创业精神

更是破解困局,拯救经济以使之走上振兴和新一轮发展之路的关键力量。企业家的创新精神与能力则更区别于一般管理者、投资者和普通劳动者,在历史新时期发挥决定性作用。

5.1 创造、发明和创新

正确地定义发明、创造和创新,并不是如何解释这些名词的语义。通常,人们在表述一类创造活动和创新成果时会混用这些词语,虽不一定精确,但不会产生太大歧义。但是,当作为经济学中的一个术语,在表述特定角色和特定活动时,必须区分这些术语。这种争论本身有助于界定发明和创新在人类经济活动中的作用与地位。

发明(invention)

发明是一类新的思想(主意),一种新的或改进的产品、流程或系统的草案(图)或模型。发明不一定经过可行性的测试或是有实际的模型,但必须是第一个发现并传递了这种新主意、流程或系统,且通常已首次经过初步的试验(虽然在经济性、市场化甚至商业技术上未必可行)。

创新(innovation)

熊彼特将"创新"作为一个专门的经济学术语,特别是作为描述、定义企业家和企业家经济的关键词,他认为创新与发明最重要的区别是:前者在商业条件下是可行的,后者则是在实验室条件下可行。他将"创新"定义为:第一个将新的产品、方法或系统引入经济体中。创新除了商业创新,也包括军事、卫生、健康等领域的创新(这些是广义的经济部门或 business)。

创新与发明的定义差别也说明从发明到市场价值和应用有很大的差距,这种差距不仅表现为实现技术,还有其他相关技术,更包括非技术性的经济、社会、文化等因素,特别是管理。因此,从发明到创新的另一个隔距是时间,即将某种材料、产品、工艺和系统的发明付诸生产、营销有时间差,包含着极大的不确定性。

企业家的创新是填补这个差距的。企业家架设起联结二者的桥梁,是将发明变为市场价值和企业赢利实践的主角。更重要的前提是,企业家往往是这类产品、流程和系统的创造者或发现者。

5.2 创新的本质:要素的新组合

5.2.1 创新和创新过程的本质

熊彼特称创新和创新过程的本质是一种新的组合:将要素(包括资本、人力资源、土地、知识、智力、技术等)重新组合(new combination),而引起这种组合的关键因素是一类革命性的技术创新或范式革命。(参见第4章)

管理创新

对创新的定义和创新本质的认识可以帮助我们理解管理创新在创新过程中的意义与作用。管理创新将发明移出实验室变为生产实践,从实验模型变为可应用技术,从概念到市场。对一类颠覆性的全新概念的技术创新而言,管理创新尤为重要,因为这类技术从未有过市场经验,未来(技术与市场)预期也不确定。

管理创新包括生产组织(如工艺流程、作业组织)、要素构成(资本、土地、劳动、装备的结构优化)、营销战略(价值流程、相关利益者的利益分配与激励)和商业模式(运营方式、赢利模式)等方面的创新。

技术创新

马克思首先提出技术创新是经济和社会进步与提高竞争力的驱动力,技术创新或生产手段的革命往往是时代变革的引擎。技术创新,是指技术上有显著优势或能够促成新产品、新工艺、新流程或新生产/组织系统,首次引入产业或生产体系。所谓显著优势,主要是指技术上改进、优化,并表现为经济绩效的提升——成本降低,效率、销售和利润提高。

无论是颠覆性的还是演进性的,技术创新都会导致管理模式创新,或开辟管理的新空间,或扬弃旧的不适用的管理模式。例如,蒸汽动力的生产组织完全不适用(或束缚)电气动力,因此电气化迫使或引导生产组织的创新。反过来,管理创新会大大释放技术创新的价值,促进更深入、更广泛的技术创新及应用。在一些情况下,即使在传统的技术条件下,仍可能发生管理创新。例如,产业竞争和市场压力使服装企业将生产运营和品牌运营分离,实施品牌授权(licensing)、品牌代工(OEM)或加盟连锁(franchising)等,这些都是要素资源重组合的商业模式创新,但使用的生产技术还是传统的。

5.2.2 创新的内容

熊彼特将创新分为五大方面:引进新产品、引进新工艺流程、引进新的原料、开拓创新的应用及市场、构建新的生产组织。

新产品

产品创新是最主要的企业创新活动。广义的产品创新是指产品渐进性的创新,如新的性能、新的款式或外观设计、新的功能、新的型号

(基于某些特质的改进)等。这些创新不改变产品的分类和基本概念。狭义的产品创新则是指产品概念、性能、用途有根本性的创新。比如,新能源汽车相对于汽油动力汽车。熊彼特用"引进新产品"表达产品创新,显然是指后者。产品创新不仅仅局限于实体产品,还包括服务、精神文化产品等的创新。

新工艺流程

工艺流程创新也分为渐进性的创新和革命性的创新。其中后者往往带来生产方式的重大改革。例如,汽车装配流水线相对于手工固定单车装配就是第二次工业革命时的标志性革新。服装流水线从捆扎式渐进系统(progressive bundle system)到单位产品系统(unit product system),再到模块系统(modular system),都是重要的流程再造革新。新工艺流程的革新不仅能极大地提高生产效率、产品品质与性能,甚至可以创造出新的产品,如不经过纺纱和织造的无纺布和非织造布。流程创新常常伴随着装备的创新。

新的原料

新的原料的创造和获得,可以改善产品品质,或降低成本,或使企业经营有更大的回旋余地,从而提高竞争力。新的原料的创造和发现可能从根本上改变产品甚至产业,如纳米材料和智能材料。新的合成纤维、高性能技术纤维,不仅改变了传统的时尚产业,其发明创造和应用更创造了新的产业和市场应用,如碳纤维航空器、软基柔性太阳能电池板、3D打印的"墨"材等。

新的应用及市场

企业的职能是什么?创造需求。企业通过创造和满足需求而实现价值。新原料、新产品、新流程都是为了满足顾客需求,除了原有需求,还有新的需求。顾客可能本身并不能自觉识别需求,因此企业家发现、揭示这些潜在需求,并将这些需求转化为购买消费和市场需求,利用现有的特别是新的产品和应用去开拓新的市场。例如,新型储能与发热材料在户外运动或室外作业服装中得到应用。

新的生产组织

例如,机械行业的组合加工系统和模块系统,不仅是设备本身的创新和重组,更是"人—机—物"的重组。流水装配线是流程创新,必须对机器、生产单位和装配线人员的组织进行创新。广义的生产组织创新还包括整个企业组织创新,具体包括上端的科技研发供应系统、下游的销售组织等。

示例 5-1　儿童消费商机

通常,人们在孩子身上最愿意毫不犹豫地消费。或许正因这种心态,与孩子有关的儿童业态这几年迅速崛起。以少儿为主导的消费文化,在导演出一幕幕"点石成金"的商业神迹的同时,也带动了中国一个全新的业态经济——儿童经济。

中国儿童消费市场现状:

中国的儿童多,0—14 岁儿童人数约为 3 亿,儿童支出占家庭总支出的 33%。中国是世界第二大婴童消费国,2013—2015 年整体市场规模保持 40% 的平均增速。

儿童消费特点:

(1)消费去处选址很重要,多选在集中度高、交通便利(地铁口附近、有公交车站)的大型市场以及消费能力高的社区;

（2）注重体验，出现了主题店、概念店等形式，以及儿童亲身体验的实体消费项目；

（3）"一拖N"式的"全家消费"，以儿童为圆点，消费半径不断延展，覆盖到服装、玩具、餐饮、超市、美容美发等相关产业。

儿童消费主要有：

（1）儿童用品，如益智类玩具、童装、高级营养品等；

（2）儿童体验馆，模拟和体验成人的职业和社会角色；

（3）儿童摄影；

（4）早教机构；

（5）亲子旅游；

（6）儿童游乐场、动物园等娱乐项目。

儿童消费市场为何发展迅速？

（1）家长消费观念转变，愿意在孩子身上下功夫，希望孩子"赢在起跑线上"；

（2）大型商场实体店增开儿童消费品专区，提高人气的"必杀技"；

（3）成为新的消费刺激点。[①]

5.2.3 创新范畴的扩展

熊彼特所定义的五类创新事实上是无法严格区分的。产品创新、流程创新、市场创新、组织创新和原料创新在大多数情况下是相互关联、互为主次、依次转换、渗透嵌套的。比如，新材质的应用会改变工艺流程，

---

① 数据来源：人民网。

创造新的产品，创造新的市场和应用。

更重要的是，第三次工业革命，特别是以数字化信息技术支撑的移动互联网，大大扩大了创新的空间，颠覆了社会关系与价值拓扑，改变了创新的要素条件。例如，顾客本身也可能成为创新主体，原料资源不一定是物质的，顾客在获得价值和使用价值的同时也在创造价值，生产不一定在工厂里，创新活动也不一定局限于组织内。因此，我们有必要思考除了上述五个创新内容以外的创新范畴的扩展。

熊彼特定义五类创新的思路显然受到马克思创新思想的影响。生产关系乃至社会关系的创新侧重于提高生产力和改善生产关系。随着经济全球化和移动互联网的发展，更广阔的创新空间在无限扩展延伸中，创新活动与创新内容不局限于企业或行业内部，影响生产力提高的因素不仅是生产要素、生产对象和生产组织，制约和促进生产力的关系不仅是生产关系，是更广泛与深入的劳动、土地、资本、资源的组合，生产力要素在扩大，影响生产力要素的活力因素也在改变。

不仅是生产端，消费端也成为创造财富的创新源泉。当然，还有社会关系。比如，消费者参与创新或社会生态发生变化后，产生的新需求以及满足这种新需求的内容、方式和途径都发生了改变。因此，要从更多更广的视角创新。

熊彼特在这里没有刻意区分技术创新和管理创新，因为这五类创新能被称为"创新"而引入经济体中，既有技术创新，也需要组织创新。这五类创新甚至常常是同时或交替发生，或相辅相成，或互为成功的因果。

5.2.4 创新驱动力和范式革命的两条线索

驱动创新的动力既来自于生产方式的进步，也来自于生活方式的改

变。（见表5-1）

表5-1 创新发展的两条线索：生产方式与消费方式

	工业文明 I	工业文明 II	工业文明 III	工业文明 IV
技术范式	蒸汽机动力 珍妮纺纱机 纺织以纺纱织布主导 手工作坊式缝纫业	电机、内燃机 电报、电话通讯 福特流水线 1913—1914 缝纫流水线 SLS→PBS	信息化、集成系统 电脑 精益管理、丰田JIT 柔性化快速反应 UPS柔性系统	互联网、物联网 移动互联网 数字中枢平台 端对端的服务 柔性系统 大规模个性化
结构关系	点+链 资本威权主义 效率优先 生产第一 占消费者多数的人没有购买力	线+（物理）网（中心辐射） 福利主义 刺激消费→刺激投资 经济周期性衰退 供需平衡—产品过剩	虚拟网 可持续发展 循环经济 全球化中的环境困境	互联网+云 生态文明 代间—代际公平 天人合一
生存方式	生产导向 弱肉强食 "恐龙"哲学 霸权主义	消费导向 丛林法则 "追底杀低" 恶性竞争	价值导向 生态法则 包容性均衡发展 竞合、集群、集成 简约、灵魂、柔性	多元价值网 生态法则 包容性增长
消费方式	拜金主义 物欲主义 土豪新贵炫耀性消费 阶级对立	消费主义 享乐主义 消耗资源、攫取财富 百货公司 人与自然的对立	多元化、多样化 清洁时尚 健康舒适 过度消费、过剩消费 艺术—技术、精神—物质	返回原点 虚实结合 生产与消费结合 快时尚O2O prosumer 品位（格调）+品质（内涵）

（续表）

	工业文明 I	工业文明 II	工业文明 III	工业文明 IV
理论	古典经济学 剩余价值理论 社会产品过剩	新古典经济学 边际主义 供需失衡——生产过剩 凡勃伦：有闲阶级论 迪顿：消费批判主义	刺激消费理论 新结构主义 消费经济学	贝克尔（时间分配理论） 市场活动（工作）和非市场活动（休闲）时间的最佳组合使利益最大

能源、动力技术从蒸汽机、内燃机、电动机到清洁能源，通信沟通技术从印刷媒介、电报、电话到移动互联网，这些科技创新和生产方式的革命改变了生活关系、社会关系，解放了生产力，创造了物质与精神财富，不断推进工业文明的进步。从微观层面讲，正因为科学和生产手段的进步，新材料、新设备、新工艺不断推动产品、服务的创新开发，推动供应端的改变，创造了新需求。另一方面，生产方式改变了生活方式，生活方式导致价值观的改变，从而影响人们的消费观和购买行为，消费端被激发出新的需求，倒逼供应端变革，以创新满足需求的量与质的提高。

示例 5-2　快乐的"光棍节"

2015年11月11日，李克强总理召开本届政府第111次国务院常务委员会，主题是以消费升级促进产业升级，这不仅是巧合。

这次双"11"，阿里完成销售912.17亿元，比上一年增长60%，移动端占68%，物流单量4.67亿；而2014年是571亿元，移动端占43%。

社会舆论对双"11"的狂热和阿里巴巴模式颇多微词,对数据本身有诸多质疑,对一些企业的假货有很多批评,甚至有国外经济学家对此也大加鞭挞。

但是,7年来双"11"指数级的暴涨是事实,日本人在学,美国人也推出"黑色星期五",他们不是傻子。

是什么推动了疯狂"光棍节"?是移动互联网。

首先,移动互联网支持下的网络技术、传播通信技术、物流技术、仓储与配送技术、支付技术,使24小时天文数字般的单量可以实现,使数亿网民和百万个企业可以超时空完成交易。

其次,移动互联网改变了人们的生活方式和消费行为。双"11"只是一种符号象征,购物只是一种方式,是网民的一种宣泄。"光棍节"和情人节不一样,后者的参与人数、关系有界限,表征物品(巧克力、玫瑰花等)有限;而"光棍节"则不管是男女老少,是不是(曾经是、将来是)光棍不是问题,买什么更不是问题。

移动互联网改变了"生产方式"和"生活方式",而技术和消费同时推动了双"11"。

5.3 常规性创新和突破性创新

(技术)常规性创新(ordinary innovation/normal innovation)

这类创新在技术上没有本质的改变。尽管如此,常规性创新在技术进步和企业发展中仍具有重要的、不可或缺的作用。因为大多数的创新是在常态下常规的创新,这些创新实用且有效。同时,正因为这类创新的积累(知识、经验、人才),才会有以后革命性的创新。

突破性创新(break through innovation)

这类创新在技术上有突破性改进与提高。这种技术上的突破为技术升级打通了瓶颈,或为实践应用解决关键问题,或打开了新的领域。突破性的创新难度更大,对技术和经济的未来发展影响更大。

演进式创新(evolutionary innovation/incremented innovation)

这类创新就其技术本质和产生的效果来说不是根本性的,或被称为"增量式的创新"。例如,一类技术创新增加了动力机械转速扭矩,可降低成本能耗与提高利润,然而并没有改变原有的技术范式与原理体系,有根本相似性。这类创新并不会动摇原有的生产体系、竞争格局和市场秩序。人类在大多数时段(常态条件下)的创新都是演进式的。比如,时装企业每年都在运用一些新面料、新纹样,推出新款式和"流行色"概念,也在不断为改善供应链创造和应用新的流程。这些都是企业永续增长的基础,也是革命性的大创新的历练与条件。

颠覆性创新(disruptive innovation)

这类创新包括对技术范式和管理模式的颠覆,以及对产生的绩效和后果的颠覆。例如,内燃机动力相对于蒸汽机动力在技术上是颠覆性的,因为无论是能源、动力机构还是发动机原理都截然不同。颠覆也包括创新对生产组织和流程的颠覆,对竞争格局和市场秩序的颠覆,甚至创造了全新的市场和应用领域。比如,人造纤维的创新改变了对天然纤维的依赖,使纤维生产工业化,创造出远远超越天然纤维的品种数量,通过可控的高分子合成创造出优越的、差别化的高性能材料。

颠覆性的技术创新往往是范式革命,因此通常以基础科学革命为先导。比如,激光能级跃迁理论是对传统光源理论的突破,继而在激光器件、光纤通信以及数字化技术、印刷、集成电路生产、音频与视频应用等方面引发了一系列颠覆性创新。

颠覆性创新往往对本产业以及其他产业产生颠覆性影响。比如,激光技术不再局限于照明、光学仪器,已经成为现代科学研究、技术装备的利器,产生了一系列的颠覆性成果,对经济、社会产生重大冲击,衍生出无限的应用,并颠覆了相应的产业和市场。

颠覆性创新常常会颠覆管理模式、经济发展方式甚至是生活方式。比如,iPod、iPad和智能手机的"数字中枢"概念和技术性能,使流行二十多年的随身听之类的产品瞬间倒下,相应的技术被抛弃,相关的磁带等介质产业也基本消失了,随之而来的网购、手机银行等新的服务产业彻底改变了人们的生活形态。对许多传统产业而言,颠覆性创新可能是破坏性的,因此也被称为"破坏性创新"。

和工业文明初级阶段不同的是,颠覆性创新未必是大资本、大装备、高门槛的。在移动互联网条件下,低门槛(小资本、小硬件)、大空间和多路径的众创环境使创新层出不穷。颠覆性创新更依赖于智力、信息等软实力。

颠覆性创新未必是惊天动地和腥风血雨式的革命。创新已经渗透在日常的企业运营和人类生活中,一些颠覆性的技术创新也可以解决常规的生产和生活问题。

5.4 原发创新和模仿创新

原发创新

原发创新,是指第一个提出和实现的创新。无论是重大的创新、颠覆性创新还是细微的渐进创新,无论是原理、技术还是外观设计,都可能是原发创新。第一个提出创新思想的人或组织可能据此获得权利,如专利权、版权等知识产权,并增加市场的竞争力或主导力。原发创新对于市场与产业主导者和领先者是非常重要的,对一个国家和民族而言同样如此。特别是当自己的身份从跟随者、追赶者变为主导者和领先者时,原发创新就是唯一可以实现战略目标的方法。原发创新对中国的一些领导型行业尤为重要,如高铁、动车等。中国必须强调原发创新,这是企业乃至国家的角色变换对创新的要求,特别是需要一类重大的原创,包括基础理论、关键核心技术和生产方法。

原发创新不限于单个产品、装备、工艺设计,也包括一整个系统,不限于技术创新,也包括新的商业模式、管理模式、硬件和软件。处于非常态(反常态和新常态)下,原发创新更重要,因为靠模仿既有的技术方法,对新的挑战往往无济于事,颠覆性创新一般总涉及关键性的原创技术。

模仿创新

现实中,大部分创新是模仿性的。任何创新的真正社会价值是被除了原创者之外的大多数经济组织和非经济组织所接受、推广和应用。原创的这种扩散过程是创新的价值体现,是价值延伸和扩展最有意义的阶段。

模仿创新,是基于原创的原理、方法或技术及流程,在产品形式、实践路径和技术工艺应用等领域进行创新性的改进,是原发创新从点到面,从初级向高级,从浅至深,从粗放到更细微、更精致和更深入的扩散。因此,模仿创新在人类的创新活动中扮演着不可或缺的角色,在经济增长中有着不可忽视的作用。

对于大多数模仿者而言,模仿是一种后发优势,可以避免大量研发的费用和风险,是站在巨人的肩膀上发展壮大。

个人、企业以及国家可以借助模仿实现赶超,借助在模仿基础上的创新改进,实现"弯道超越"。这显然是追赶者不可忽视的后发优势和有效的战略。日本是一个典型的靠模仿创新(不仅仅是模仿)完成跨越发展的国家。日本一些企业的壮大发展,所依赖的技术并不是原创的,如索尼的晶体管收音机技术。数码相机技术是柯达创造的,但做得最好的却是日本的佳能等传统相机厂商。自动对焦相机技术是美能达公司首创的,然而美能达相机最终败走市场。数码激光视盘(LD)和播放器是 RCA 创造的,但在商业化方面成功的是松下等日本公司。

正如本节提出的命题:当从追随者、追赶者变为领导者和领先者时,特别是在冲刺阶段,跟跑策略就不适用了。这取决于处在什么发展阶段。

原创与模仿

毫无疑问,原创对科技进步和经济发展贡献巨大,影响深远。其实质贡献不仅是原创本身,还有其开拓性、开创性,因为它不仅突破了障碍和瓶颈,还在被模仿、传播、扩散中产生了巨大的效益和增值。

企业家和创新创业精神

原发创新的增值与增益的过程空间远比想象的复杂。一项技术可以扩展到不同的领域,一项技术创新可以被模仿并整合其他技术而形成交叉,实现 1+1>2 的效果。创新技术可以被模仿并通过管理创新,实现产品、流程扩展和市场创新等。

被模仿的创新可能加上模仿者的其他创新,这种现象非常普遍,即模仿与原创的界限未必那么清楚。比如,人们对苹果公司触摸屏界面和技术的来源有很多质疑,却无法否认 iPad、iPhone 这类产品概念都是原创的。

原创、模仿与知识产权

原发创新要进行大量的投入,包括财力与智力,凝聚着原创者的知识、智慧和经验,原创者更需要承担创新过程与结果的不确定性。因此,取得市场成功后,原创者应获得应有的权益,模仿者应将模仿收益中的一部分用于支付相应的费用,这常以专利费、授权费等方式体现。

任何对原创成果的不当使用或窃取,都是对原创者的伤害,更破坏了社会的健康创新机制,导致"劣币驱逐良币"。

因此,对创新的保护是企业家经济的保障和基础。

但是,另一方面,一些公司以专利为名,阻止新技术扩散和其他企业进入,或收取过高的技术垄断利润。这实质上是为一己之利,阻碍科技创新的应用,阻缓了社会与经济进步(如美国一些芯片制造商的所作所为),更阻止了大量小微企业和新进入的创新者。这不利于创新的企业家经济,特别是阻碍了发展中国家和欠发达国家的创新发展。

这显然是个典型的创新悖论:保护创新知识产权,却阻碍了创新扩散与应用。也是企业家经济的理论与实践难题,需要理论思考并通过政策和制度设计去解决,也需要企业家在垄断独占以外探索新的战略。

5.5 自主创新、协同创新和集成创新

自主创新

自主创新,是指一个组织与个人独立地进行创新,包括独立地进行技术研究、市场开发或商业化。自主创新代表企业与个人能力、水平、优势、竞争力。自主创新可以强化企业在市场中的侃价能力,获得主要或独享创新利益。在遭遇竞争国与竞争者时,自主创新可以打破这种垄断,从而确立在经济中的主导地位、话语权或在社会中的尊严。在商业活动中,企业依靠自主创新可以在价值网络中树立其核心和关键角色,如产品标准、商业规则和行业规范的确立者。因此,自主创新是企业家和创新企业的核心能力。

协同创新和集成创新

现代企业活动不可能是孤立的,因此创新活动的过程、创新的市场价值的实现通常也不可能独立完成。

比如,新产品的创新可能涉及原料的创新,当然也包括新产品本身,如外观、包装、艺术设计以及视觉传达技术创新等。

新的品牌大多数不是单品,品牌中的某类产品概念如高技术、功能性服饰可能包括衣、裤、鞋、袜、帽等。

新流程不仅需要工艺和设备的创新,还需要系统再造。比如,设备的创新包括传感控制系统,还需要相关设备的重新组合、加工流水线的重新布局。

企业家和创新创业精神

新技术的市场化需要所有市场利益相关者的合作,从创意、创造、服务到市场价值的实现。

大型系统装备产品,如高铁项目,更是需要动车、车厢、控制系统、路轨和通信网络以及所有制造商、运营商的协同合作。

协同创新,即相关组织与个人共同实施并完成创新。这包括:各功能部门间的创新协同;产业链中,从原料、半成品至成品的创新协同;供应链中从设计、制造至营销的创新协同。电影《玩具总动员》是典型的协同创新的例子。竹纤维联盟是竹纤维协同创新的一个平台,也是协同创新的范例。

集成创新,即从系统和逻辑框架的角度,将各方面的改进综合在一起,集成各相关技术创新成果,以达到最终创新的目标。比如,智能手表需要改进创新传感技术、显示技术、定位技术、发射与接收识别技术、数据处理与分析技术、高能电池技术、集成电路芯片技术等,对这些技术予以创新和改进,并集成在完整的系统中。

为什么要集成创新?首先,新产业提供了各种实用技术,这些先进技术可以交叉组合,具有无限的可能。其次,工业文明兴起之初"一招鲜,吃遍天"的情况已不复存在,哪怕最简单的产品,也必须集中不同的先进技术,最后通过集成式的系统创新,才能最终实现创新,形成单项技术创新所不能简单复制的核心竞争力。

示例5-3 移动互联网智能家居的创新和潜在商机

居家小气候管控:自动调温、调湿,智能窗帘,调光玻璃,空气清新系统。

安全监控：红外检测,视频记录,非正常无线呼叫,门禁系统,烟雾报警。

能源管理：水、电、燃气、太阳能遥控,非正常报警及处理。

生活管理：冰箱、洗衣机、电饭煲、空调、微波炉、电话应答、宠物喂食,预设自动管理。

消费：购物、信息交互、快递。

5.6　企业家创新精神和创造力

虽然企业家并不都是技术出身,但是这个群体共同的特征是:本人或所领导的企业具有超强的创新能力。

乔布斯虽然没有沃兹尼亚克的技术背景和专业知识,但是他对iPad、iPhone同样具有深刻的专业理解、预见、判断,甚至对一些技术细节提出了技术人员所没有的认识。企业家对专业技术不能只停留在普及知识和应知应会层面,而必须对技术发展有深刻了解,才能指导技术人员或给他们更有力的支持。

企业家应保持对创新技术的警觉、对新技术未来的预判、对市场反应的敏感以及对新技术当下和未来应用的想象力。

企业家必须善于从不同的视角去创新或指导团队去创新。企业家本身应具有广泛的专业知识,有交叉、融合各种创新的能力。企业家应能充分组合企业内外各产业环节:纵向和横向的,应能协调各方力量,集成各项优势。企业家应在创新思辨下,有独立的创新主张、执着的创新目标、不息的创新激情和坚决的创新执行能力。

企业家的创新和创业能力和成就,源自于比常人更胜一筹的创造力,源自于非同一般的想象力、热情、敏锐的直觉和好奇心。在经济管理领域,创造需要规则和理性,也需要一点艺术。

创造力包括:

想象创造力

这往往是通过超现实的想象和纯粹虚构(非现实)的思想建构能力。这种创造力与美术家和小说家相关。经济学家、管理者和设计师也需要"无中生有"的想象。

天赋创造力

这是基于生理和心理的天赋而具有的创造力。说企业家一定具有天赋创造力可能有点牵强,但是一些科学天才、思想家、企业家往往在音乐、戏曲、体育方面有天分,这不能说是巧合。现代企业家更能将艺术、技术、营销创新融为一体。

规则创造力

在社会和经济变革时期,企业家不仅利用制度规则的变更创新企业,更能颠覆旧规制而创造新规制,引领产业和市场在传统之外创造、设计新制度。

应用创造力

这是应用创新概念、创新性解决问题的创造力。这些概念、术语或模式常常是借用的或跨界的,也可能是边缘的。比如,用拓扑解释价值网络,用"收费站"命名赢利模式,用仿生态创造新的产品概念,如鲨鱼皮泳衣。

理论创造力

这需要对事物本质和相互之间的关系进行抽象提炼,需要具有发现理论破绽和缺陷的能力。高水平经济学家利用理论创造力,从事基本理论工作。虽然理论研究不是企业界的本职工作,但是作为企业思想家,往往率先践行新的思想。比如,工业文明中的企业家所作的决策基于确定性,或减少不确定性;而互联网经济中的企业家在寻找不确定性,把不确定性视作商机,并将其转变为创富源泉。

5.7　企业家创新源泉

企业家的创新精神和能力源于其创新思辨能力,这种哲学思辨能使企业家洞察到事物的本质和规律,从中预见其未来趋势并审时度势,作出正确的创新抉择。

源于生活的激情,使企业家永远保持着创新的动力和不懈追求。

源于对人类所有创新的好奇心与兴趣,对时代变化(变好或变坏)以及困境与悖反现象的警觉,使企业家能把握机会并作出反应。

示例 5-4　保持好奇心　失败是有趣的

诺贝尔经济学奖是怎样"炼成"的?

"小时候,母亲对我说,出去玩吧,现在是早上9时,晚上6时回来吃晚饭,但要保持好奇心。就这样,我一个人出去学习。"斯科尔斯说。

好奇才会去尝试新事物。"让我成长、学习的是拥有自主的能力,能做自己想做的事情,而不是家长希望我做的。父母从来不对我说:'不要

企业家和创新创业精神

担心,你失败了,但你很聪明。'或者'不要担心,不是你的错,怪别人。'"科尔斯回忆父母的教育:"他们会问:你从刚刚发生的这件事中学到什么了吗?"

在这位诺贝尔经济学奖得主的眼里,失败是有趣的。"当你失败,你可以学到东西,并不是说'我很成功,我绝不冒任何险'。如果父母总在保护我们,是不可能成功的,因为你没有学习,没有成长。可能你会看书,你会学习,但你永远都不会有好奇心。尤其是你不带着好奇心去深入某件事,难成大器。"

——摘自《新民晚报》2015 年 5 月 30 日

源于长期的远见、多元的视角、宽广的视野、扎实的知识和杰出的才能,使企业家能对"好坏""对错"作出更清醒的判断和决策。

源于对传统的批判精神,使企业家能直面常态的质疑和批判,不安分,不满足,不走寻常路。

没有这些,即使有一万次机会、一万种可能、一万个选择,也只会视而不见,安于现状,错失良机。

创新来自:

创新者的经验——成功或失败

企业家从个人的成功经验中得到启发,进一步复制成功并不断激发出创意,衍生出新的创新。其中,失败更是创新的源泉。"失败乃成功之母",不仅是说失败可以积累经验,可以历练,换一个角度,失败还可能产生意料之外的结果(这因人而异)。比如,青霉素(盘尼西林)是细菌培养实验失败后的发现,尼龙的发明也有同样的故事。

示例5-5　尿片和尿不湿

从婴儿的尿片到老人的尿不湿,这是市场扩展,与之相伴随着的出发点是为了更能适合老人的需要。尿不湿从无纺材料、吸湿性、结构层次等方面进行全面改进和创新,当然包括名称——对老人不能用"尿片"。即使这样,当老人开始用尿不湿时,悲哀或许就开始了,因为有些老人会觉得没有自尊,没有生命价值,甚至成了社会累赘,生命周期快到尽头。

时尚设计师津村耕佑接受了这项异类设计挑战,他的品牌"最后的家"刻意关心时尚和流行的观念,关怀心理感受,找到服装与人之间的新型关系。

这不仅仅是尿片、尿不湿。

——摘自〔日〕原研哉:《设计中的设计》

供应商的创新

供应商的创新,如原料、装备的创新,会促进企业产品性能、品质和品种的改进和创新。例如,新型材料、纳米涂层可解决服装的防水和透气矛盾,还耐脏、易清洗。

消费者和客户的需求

消费者的个性化和时尚化需求,促进了快速反应系统和"快时尚"的商业模式创新。客户对质量、性能和环保的严格要求,既是压力,也可以转变为创新动力。创新来自消费者和客户的批评和建议。

企业的营销与销售部门

这些部门最直接地与市场、客户以及消费者接触,他们反馈的信息特别是批评意见以及他们本身的建议和创意有助于改进和创新。

企业的运营部门

企业的生产与物流管理部门对产品生产过程中发现的关于产品工艺、流程问题的改进意见也是特别宝贵的创新源泉。

同业竞争者

同业竞争者只要是用心做事业的,通常对业界的现状非常了解。同业竞争者碰到的问题常常是本公司遇到的问题,其经验或许会成为本公司的经验。同业竞争者是本公司的"镜子",对其创新或可借之用之,或可避而远之,另辟路径。同业竞争者之间的创新或可相互激励竞争,或可避其锋芒,或可互补。

相关与支持行业

制造服务业的创新常常能促进企业的流程甚至商业模式创新。如电子商务平台,相关与支持行业的创新成果和取得的新进展会促成本企业的创意。

交叉行业和领域

互不相干的领域或过去无关的领域趋向于创意交叉、成果共享。比如,可穿戴智能装备被手表、首饰、鞋履、眼镜产业吸纳,以这些时尚产品为载体,又集中了通信、生理医学、卫星定位等创新技术成果。

示例5-6 不协调 无创新

20世纪90年代中期,美国的邮购业以其便利、免税(消费税)、价格实惠而快速增长。中国的一些企业也仿而效之,有的还做出了不凡的业绩。但是,那时的邮购业务仍面临瓶颈:(1)物流问题。没有成规模的客单量,单件物流资费和成本太高;没有专业物流公司,只能借助送水站、图片社等销售网络,没有显著的便利性。(2)信用支付问题。这不仅是支付方式问题,更使得邮购公司和消费者面对僵局:邮购公司没有收到钱而不敢下单发货,消费者没有拿到货而不敢交钱。(3)品种局限于标准产品,因为消费者无法体验。

如今,在移动互联网条件下,这些还是问题吗?所以,颠覆式的创新从根本上改变了产业、市场的生存之道和支持技术。

现在消费者可以"线下体验码上扫",货到付款,免费快递,无理由退货,更便利,更便宜,更安全,更多选择。这与移动互联网下的技术和商业模式创新,如支付宝、淘宝、天猫、二维码、物联网、GPS跟踪、自助配送中心、RFID大数据等有关,并与不同企业在移动互联网平台上的协同创新有关。另一方面,正是因为这些问题的存在,才衍生出新的产业和商业机会。这些电商模式创新也成就了无数创业企业。

5.8 跨界创新

跨界创新是新经济时代,特别是移动互联网条件下创新的特点。创新的来源、内容、过程与应用的实现都可能跨界。

跨科技领域边界

创新特别是重大创新涉及不同学科,涉及基础理论和应用技术。如青蒿素的发明与应用,受到中医的启发,又涉及化学、生物学、生理学等多个学科领域。即使是腕带、手环等智能产品,也引入了多项高科技。

跨市场和应用领域边界

某项技术创新和产品发明可延伸到许多应用领域,扩展衍生出许多市场。如可穿戴智能产品,可用于健康监测、儿童和老人监护、文化娱乐、军事、消防、户外探险和科学实验。我们有时很难分辨消费性、智能性服装是时尚还是科技。创新也来自于不同的需求和销售渠道。

跨文化艺术界限

创新跨越不同的国家与地区,涉及不同的文化,交织不同地域的文化艺术精华,全球共享,呈现不同的艺术表现手法,展现不同流派的视界。不同的文化艺术和技术视角相结合,突破了传统的境界。

跨产品概念界限

创新颠覆原有产品的概念,创造了新的不同产品概念的组合,衣、食、住、行的清晰边界已被打破。例如,野餐垫与食、住、行都相关,而可穿戴智能产品和时尚产品加智能已是互为交集。智能产品衍生出文化娱乐类非物质消费以及大数据服务市场,更是跨出了原有的实体产品边界。

跨产业边界

产品本身具有跨市场、跨领域、跨技术和跨产业的特点,越来越多的传统产业和新兴产业跨界结合,沿产业链、商品链、价值链的跨界联盟成为常见现象。

跨时空的跨界活动

互联网技术条件下的全球化创新活动可以集聚全球顶级的智力资源,包括各个领域的创新人才。创意不仅来自于供应端,也来自于消费端,创意、设计、创造、活动都可以在线上线下跨时空结合。

示例5-7 创新的界限与界面

"界限"与"界面"虽只有一字之差,但意义大不同。界限是两个领域空间的分隔。限定界限的可以是线。界面则区分两个领域空间或两个空间中内容之间的交互、沟通、渗透。界面不是界限,不是线。

创新要突破界限,开放界面。

钻石、水晶、煤矿石、黏土、羽毛、花叶、树木等天然材质创作的艺术饰品或实用器物,植入人文精神,变得既有效用也有生命。

秦砖汉瓦的纹样,明朝家具的简洁、细腻工艺,宋窑青瓷的温润质感,文化可反映在面料、服装、文具等诸多产品上。

将流动的金属作为墨打印电路;将高分子材料用于设计、打印家居;可穿戴智能数字产品或智能服装可感应环境,亦具备距离检测、定位跟踪功能,加上云数据处理,还可用于儿童健康和安全监护。

将藤编与刺绣进行不搭界的结合,做成藤艺,做成服饰,将云锦和皮革做成高端手袋,用机械编制的秸秆做包装,既天然环保,又风格独特。

可食用的润肤霜,可护手的白脱油,即使误食也不会伤害儿童的纽扣,你能说清这些是食品还是护肤品、饰件?它们属于哪一个行业?

企业家和
创新创业精神

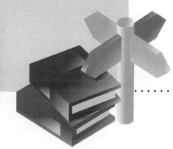

第 6 章

企业家精神之三：
创业精神及
商业模式创新

第6章　企业家精神之三：创业精神及商业模式创新

> 做大家都知道如何去做的事，只会使世界发生从 1 到 n 的转变，增添许多类似的东西。但是，每次我们创造新事物的时候，会使世界发生从 0 到 1 的改变。创新的行为是独一无二的，创新发生的瞬间也是独一无二的，结果新奇的事物诞生了。
>
> ——彼得·蒂尔、布莱克·马斯特斯：《从 0 到 1
> ——开启商业与未来的秘密》

技术创新包括产品创新、工艺创新、流程创新和设备创新等，是推动社会发展的原动力。特别是革命性的科学技术创新，不仅推动了技术本身的进步，提高了生产率，更为重要的是，常常根本性地改变了社会与经济结构，反过来激发了生产方式的深度改革，解放了生产力，激活了要素，疏通了财富源泉。

这个过程并不是自然发生的，并不是所有技术创新都是有价值的，并不是有价值的技术创新都能产生价值，并不是所有的企业都能从技术创新中获得价值。

要有人独具慧眼，能发现创新价值；要有人敢担当，承担起责任与风险；要有人作为纽带，将实现价值的所有相关者和要素链接在一起，有能

企业家和创新创业精神

力协调组织;更要有人能找到市场化路径与方法,将其付诸实践。

6.1 创新型创业的本质和企业家角色

创新型创业的本质是通过技术创新促进要素重组,并反作用于技术进步,产生倍增的生产力。企业家在这一过程中发挥的就是将所有要素重构的纽带作用与将所有创新价值实现的渠道作用。

企业家之所以成为企业家,其充分条件是能将创新变为事业,将技术创新成果转变为市场价值,在非常态(反常态与新常态)时期,能将技术范式创新(不一定是本人的创新)转换为颠覆产业和市场的力量。企业家能通过产业、市场的重构,造就新的产业和市场生态,拉出空档,形成"蓝海",走出困境,促进新一轮的增长。

历史上,很多伟大的企业家本身就是新技术的发明者和创新者,如富兰克林、爱迪生等;有些企业家则不是专业的技术发明者,如伊斯曼、乔布斯等;更多的企业家可能在专业上不是科班出身,甚至起初还是专业的门外汉,如马云等,他们可以且行且入门,渐渐成为内行,甚至也会有一些技术上的创新与发明;也有一些企业家起初就是技术专家。无论在技术上有何种背景,也不管是否直接参与技术创新或有技术创新贡献,决定这些人成为企业家的关键条件是他们具有将技术创新(不管是不是本人的)转化为市场价值的能力。

历史上,有许多伟大的企业家同时也是发明家和科学家,亦有许多伟大的企业家同时也是资本家或企业的所有者,而更普遍的是科技工作者和发明家的研究成果和发明能通过企业家的活动转化为新的生产力和市场价值,资本和其他要素的拥有者只有在企业家的智慧帮助下,才能将所有要素资源和力量与创新发明相结合,使之成为创造财富的源泉。

关于创造发明家与将创造发明转化为产业和市场的企业家孰者为重,不能一概而论。但是,若没有企业家的创业,则创新的最终价值是无法实现的。

6.1.1 创业精神

创业需要将各种创新要素结合在一起,并以最有效的方式将创新成果转化为市场价值。

因此,企业家的创业精神反映在创业思想和创业实践两大方面。企业家一是要判别创新要素有哪些,如何获得;二是要了解这些要素的结构以及如何组合这些要素,并最大限度地发挥这些要素的作用,"使要素的活力迸发,让价值源泉涌流"。对于创新型创业,或要素资源是新的,或要素组成结构是新的,或创造要素的组织是新的,或创造价值的流程是新的,创业精神的核心仍是创新和变革。

创新思辨(反常规、反传统、破旧立新)哲学观下的创新精神和创业精神,体现了一种创新能力以及能将创新转变为市场效益的能力。更准确的表达是,通过工艺、产品、流程、材质、艺术表现,实现以资本(实物与知识)为纽带的要素重组,形成新的生产方式与关系,拓展新的市场领域,实现突破性和阶跃性的能级转变与效益增长。这种创新和创业区别于一般的渐进式和模仿式的创新与一般创业或立业(做生意),尽管一般创新和创业在经济发展中也是重要的。

企业家和创新创业精神

创业的本质

创业即是将各种相关的要素按事业的特点组合成一定的结构,以形成生产力,达到企业的创业目标。因此,优化的创业应该能获得相应的要素(资本、智力、技术、土地等),并以适当的结构配比要素,最大限度地发挥每一种要素的作用,构造一定的机制,让利益相关者(投资者、管理者、员工以及企业外部合作者、供应商、中介等)能充分发挥各自的优势,经过一定的流程——提案、启动、初建、形成生产力,最终达到企业的目标。

创业包括常规的创业和创新型创业,前者包括所有利用现有的可获得资源与常规的模式和方法,以常见的资本构成方式创建一类常规业态的企业,生产或经营一类现有的产品和服务。

创新型企业

创新型企业是以一种或多种颠覆性创新——创新产品或服务、技术或工艺、原料或材质、产业组织或业态、应用领域或市场——创建新事业。无论以哪类创新作为主要内容,创新型创业都有以下特点:

第一,通常没有先例,没有可完全复制的样板,有较大风险和不确定性,因此需要创业者有敏锐的洞察力,有判断力和对风险的心理准备。

第二,需要吸引能担当风险的投资者,比如风投,而不是一般的期望收到常规收益的资本拥有者和投资者;

第三,在新产品、新技术条件下,要素边际产出截然不同,而且需要引进一些新资源、新要素,并将要素创新重组、优化,形成新的结构;

第四,需要改变生产组织和关系,以形成新的生产力;

第五,需要重新确定市场价值、市场目标以及市场化的流程。

6.1.2 创新型创业中企业家的角色和职能

创新型创业在企业家经济中虽不一定占最多的创业比重,但却是最重要的核心部分。创新型创业是社会经济发展中最具活力和最有前景的活动,企业家在其中的作用是最关键的,特别是在新常态下,他们是引领者。

企业家在创业中的角色:

企业家是创业机会的发现者

凭借创新才能和对创新产品、技术的敏感性和预见力,企业家从科学技术进步的成果甚至苗头中发现创业的机会和潜力。

企业家是创业的发起者和实践者

这需要决断力和对决断后果的担当,有实际操作能力,需要从决策、计划到最终的贯彻执行力。

企业家是各种创业力量的纽带

企业家不一定是资本所有者,不一定是职业管理者或产品的发明者和技术诀窍的拥有者,但是一定能够把这些力量集合在一起,并发挥出最大的活力,创造出最多的财富。

企业家是改革者,是市场价值的创造者

企业家在创造消费者价值的过程中,对传统的管理实践、商业模式进行改革。

企业家创新型创业的职能:

创造需求

人类的基本需要是本来就有的,如生理、精神的需要,衣食住行等。

将这些需要转变为市场需求,是企业家的职能。例如,液晶理论转换为实际应用才能体现价值,当将其用于显示、发光并制作出产品,如低能耗照明、高清晰显示屏时,既满足文化、娱乐、日常生活的新需求,同时也创造巨大财富。与一般的企业主和管理者不同,企业家不是仅扩大已知的需求,而是创造新的需求,甚至是消费者和顾客自己都不知道的需求。他们总是给消费者和顾客惊喜或惊奇:"这是什么东西?""啊,可以做这个用的!""我正需要!"他们不断激发消费者和顾客的消费欲望。

创造价值

产品价值不是做出来的,与付出的劳动时间无关,而是因为能满足顾客的需要。例如,LED照明的价值在于其低能耗与丰富的表现形式,能满足顾客对低成本和低碳环境的诉求,以及人们对通信信息的需求等。企业家就是通过创新技术的衍生、扩展和创新型应用,不断挖掘、发现和实现价值。

创造新市场

市场是产品和服务潜在和实际的顾客的集合。企业家能发现新顾客和顾客的新需求以及新技术的潜能,将其转化为产品或服务,激发顾客潜在的需求。企业家将产品传递给顾客,以其聚合、吸引顾客。例如,智能手机已不仅是通信,其本身已成为庞大的市场。围绕着智能手机,不断衍生出新的市场。

创造规则

新的产品和这种产品构成的产业需要标准和通行规则,企业家是这些标准的制定者和规则的创造者,也以这些标准和规则占据领导者的地位,获得主导话语权。比如,智能手机的生存与发展最初确定了手机生产企业与内容产品(视频、音乐等)提供商和移动电信商之间的规则,这本身是一种创新。

创造新秩序

企业家是市场秩序和竞争格局的颠覆者、搅局者(disruptor)和创建者,无论是"体验经济""分享经济""粉丝经济"还是"产消者"(prosumer),都是新的市场秩序和关系,形成新的竞争格局。

6.2 创业之初:对创新的警觉和对市场机会的敏感

上节已经讨论过,企业家应保持对新技术的警觉。这种警觉不仅是从技术角度对创新的实质认识和对未来的预测,而且包括对这种技术施加于产业和市场的影响的警觉,以及新技术对管理方法、生产组织乃至企业生存方式的警觉。

企业家的警觉还反映在他能以敏锐的洞察力和反应,迅速对管理方法、生产组织、生产流程作出调整改进,把握机会,创造机会。

最后,企业家的警觉还在于他对从技术创新到市场创新并最终实现价值的商业先导期的判断。刘永好提出"领先半步"思想,认为落后一步或提前一步都可能失败。

企业家本人是专业人士或技术创新者,因此其专业的"警觉性"有正面影响:使他能更专业、更理性地理解其技术与经济意义,也有负面影响:往往以传统的框架和常规的路径思考与行事,会否定新的东西,而偏向原有的逻辑和方案。但是,异端方案可能是突破性的,一些创新常常是外行想出来的。

简而言之，企业家对创新的警觉是他能进行创新，并有针对性地通过管理创新、商业模式创新等创业创新实践，将创新转化为价值的首要前提。

创业之初，企业家还需要具备对市场机会的敏感与识别，首先是对常规（传统）市场的识别，从常规市场的规模增长、市场结构的变革、顾客偏好的转移、顾客价值期望的变化中识别市场机会和赢利可能。

更重要的是，企业家在创新创业之初要有对反常规市场的敏感与识别，其中包括对非常规（新的、反传统的）市场的识别和常规市场的非常规识别。

非常规市场的识别

颠覆性的产品概念，如智能手机相对于传统手机，以及反传统的价值观和新生活方式引致的需求，如马拉松或长跑运动已衍生出跑步消费和跑步经济，而跑步消费和跑步经济又颠覆了传统的生产制造和销售的商业模式，甚至颠覆了原先单一的市场（如运动服装）和产业（如运动休闲产业）。比如，无人机有巨大的市场，不仅可用在军事上，还可用于航拍、探险和危险作业。

常规市场的非常规识别

一些被认为是常规产品的常规市场，也可能有非常规的需求以满足隐含的需要。比如，电钻用于打洞钻孔，是制造企业的普通工具，而可充电的手枪电钻加上多用途的钻头却成为一些人DIY的玩具。利用激光技术可以在衣服上"绣花"，体现个性化创意。一些文艺青年写段子，写出了一个社交网络中的大市场。

示例 6-1　跑步消费与跑步经济

跑步鞋、跑步服装、束发带、反光识别带、计步器、夜间跑步警示灯、运动耳机等是从跑步衍生出的快速增长的新兴市场，年轻人将燃烧卡路里作为一种生活方式，体现在这些闪耀炫酷的产品消费中。

在移动互联网条件下，这种消费成为群体社交的活动，利用智能技术不断加速推出新产品。可穿戴设备爆发式增长，如腕带的销量2015年达到4470万个，预计到2019年将会超过1亿个；传统的跑步鞋和服装有新材料、新功能，既轻巧又透气，还带缓冲助力功能；与可穿戴的智能设备相连的大数据提供健康咨询，也为供应端提供精准营销和精确生产的依据；运动饮料、能量带、流动厕所、救急药品、防水音频播放器（高音质，并可选择调整音乐节奏），轻便佩戴式智能手机加上 App，可以进行定向检测、路线选择、位置跟踪、数据传输和"与群共享"等。

当传统行业中的大多数企业还在为产能过剩犯愁时，创意无限、供不应求、以千亿美元计的新市场正不断涌现，这其中还不包括具有高附加值和高技术的专业运动市场。

6.3　从创新到创业的窗口期

企业家的创新创业成功与否，取决于这个过程与创新和创业的窗口期是否吻合，过早和过迟都可能导致失败。

这与航天器发射窗口类似。这个窗口期与地球自转、公转位置和状态，目标的位置和状态，太阳的位置（这至少与太阳能电池工作状态有关），入轨、变轨、定轨的流程以及发射地的气候情况有关。

技术的窗口期

所谓技术实现的窗口期，是指创新技术合适的投入生产的时机。这个窗口期取决于技术本身的成熟度、相关与支持产业的发展水平和成熟度。科学革命导致技术革命，其产生与传播扩展有一定的滞后，从基础理论模型到实验室模型，再到成品化和商业化有一个过程，除了本身的技术开发时间外，还有相关与支持技术的研制实现时间。新工业革命往往伴随着技术创新爆发，特别在第三次工业革命中。一方面，新技术的爆发，特别是相关技术创新，给予创新技术或产品更多的技术支持。另一方面，当创新技术或产品尚未落地生根之时，谁也不清楚这一天何时到来，谁也不确定新技术是福还是祸，如转基因农产品。

第三次工业革命的创新远比几百年前的工业革命更深入，其先导期会很长且很难预料。

政策的窗口期

这是指非经济性的政策因素、制度性变化的时机。创新市场化的基本条件是资本的独立和市场的自由，社会体制对新产品、新技术开放的时候是最佳的窗口时机，因为存在空白，而此时障碍也被排除了。比如，分布式太阳能电源的市场准入、补贴和入网政策等，新能源汽车的牌照、充电桩授权、价格补贴等，就是不可忽略的因素。

市场的窗口期

所谓市场的窗口期，是指将产品市场化、将技术商业化的合适时间区间。市场的窗口期取决于市场的接受程度、相关与竞争产品或传统产品当下的市场空间和抵抗能力。好的、成熟的技术产品未必一定会被市场接受，当传统的产品仍占有重要地位，顾客抛弃旧产品或退出市场需支付相当的成本和代价；或者消费者的价值观和生活方式尚未改变，心理上没有准备好接受新产品，市场体系未能适应新产品渠道、意见领袖的影响，或为新产品配套的使用条件不完备等。RCA创造的LD光盘及音像播放机之所以失败，就是因为尚在导入期，顾客不会抛弃刚买来的磁带及音像播放机。对消费者而言，可录制、可播放比不能录制而只能播放的高音视品质更重要。此外，LD片源的高价格和有限性等也是原因。

新能源电动汽车的充电桩及设备是电动汽车的基本使用条件，仅当已形成网络的条件下，电动汽车的推出才是时候。所以，刘永好的"领先半步"论是有一定道理的，新产品的商业化成功必须对准技术和政策的窗口期。准确预见窗口期以作出决策并制订计划，是企业家创业的关键能力之一，体现了企业家把握机会的能力。

示例6-2 新能源电动汽车产业化的第一次推动

新能源电动汽车是汽车发展的方向，是最终解决"既发展汽车产业又减排低碳"两难问题的出路。

但是，要真正形成新能源电动汽车"产业公地"，还有许多坎要过：既有技术问题，又有政策条件，还要与消费者的期望价值相配。

事实是，目前电动汽车充电一次至少要5—6小时，充满电只能开一百多公里（在不堵车的情况下），有的小区没有充电桩，单位也未必有。由于投资成本高，加油站通常不愿为区区几辆电动汽车去投这笔钱。但是，若没有充电桩，电动汽车再便宜，加上补贴（免牌照），消费者也不愿买。消费者无人买电动汽车，电动汽车的成本不下来，就没有研发投入，更没有人愿意建充电桩。这是一个"死扣"。

双模混合动力是一项过渡期的解决方案,更期望技术突破。不解开这个扣,电动汽车拥有量达不到规模,这种产品创新就会夭折。

假设技术上可以解决电池的低成本、高储能、小体积、快速充电等难题,那么我们就等这一天的到来。解扣措施之一是,从技术上彻底解决;措施之二是,靠政策或制度设计和其他外力的第一推动,加上产业的技术改进和为长远利益的让利;措施之三是,进行商业模式创新,如充电桩授权可使投资者从其他途径获得更大收益。

6.4　商业模式的创新

技术创新成功依赖于对应的商业与管理体系创新。技术创新之所以能推动生产以几何级的数量增长,极大释放生产力,与技术创新层级有关,更与相应的生产关系和生产组织的创新有关,比如生产与经营的专业化分离、标准化流水线和大规模定制等。

IBM 个人电脑的创新和商业化取得成功,其中重要战略之一是从自产自营方式变为更为开放的联合产业销售体系。

20 世纪 90 年代个人电脑市场激烈竞争和内芯快速更新的状况,使 Dell 等品牌创造性实施大规模定制,以应对来自消费者个性化和供应商的芯片创新的双重压力。

技术与产品创新成功还取决于从创新概念到市场的全过程,依赖于企业家在这个过程中的创造力与执行力。除了技术产品的研发和引进外,商业模式和市场化过程中的创造性工作也是成功的主要因素。

广义的商业模式包括资本构成和资本投资模式、商务模式(商务事业类型和业态模式、赢利模式)以及管理模式(战略模式、竞争模式、营销模式、运营模式)。

在创新型创业中,也就是在将创新成果(产品、技术)商业化过程中,企业家首先需要根据市场、产业态势、本身的资源竞争优势以及新技术和新产品的特点决定:是做加工制造、批发零售还是"一条龙通吃"?企业的目标顾客是谁?靠什么赢利?在价值链中的地位与角色是什么?与其他利益相关者的关系如何?

其次,企业家需要明确:产品与技术如何实现商业化生产?如何高效运营?如何将产品传递给最终顾客(包括传递形象、精神价值和物理价值)?

示例6-3 "羊毛出在猪身上"

智能手机市场风云变幻,面对小米、乐视等前堵后追,联想有点沉不住气了,其CEO杨元庆炮轰"羊毛出在猪身上"这一互联网思维,指出"要想多产点羊毛,首先思考的还是要把羊养好"。

"羊毛出在猪身上"是时下很多互联网手机企业运作手机业务的商业模式——手机硬件以成本价销售,通过抢占手机入口,发展海量的用户,从而变现赢利。小米、乐视等互联网企业都是这一商业模式,乐视甚至公布了自己手机的成本价。

很显然,杨元庆不喜欢这个模式,这个模式对联想这种靠硬件来赢利的公司来说极为不利,也拉低了整个行业的利润率。

如果杨元庆批评的是"挂羊头卖狗肉""以次充好"、假冒伪劣的山寨产品，或许也有点道理。但是，若他批评的是商业模式或产业的市场价值来源，那就有点误解了。在移动互联网条件下，大量地存在着利润（羊毛）的出处不在羊（顾客）身上，或者羊只是市场价值的相关者之一，利润确实出在猪身上（另一个价值的相关者），或狗"埋单"的现象。

有很多产品是免费的、白送的，利润却从另一个财富泉涌现出来。

银行向中小微企业提供免费的电商平台，要进行大量投资。但是，电商平台吸引了大量的小微企业，成为银行的一般业务客户，同时开辟了电商结算、融资等新的服务产品，更重要的是对这些客户的凝聚力、黏附力远远大于离心力。

6.4.1 资本构成和投资模式（financing & invest model）创新

现代企业制度按资本结构分为业主企业、合伙企业和股份公司。创业初期，一般的业主企业和合伙企业以自有资金和风投资金创业。当企业成长到一定规模并表现出增长潜力时，可以在创业中小板上市，吸纳公共资本。风险投资在创新型创业中有重要作用，与创新型创业企业高回报和高度不确定性的特点相关，创业企业很难以常规方法计算价值、预测市场前景，也很难以常规方式（如银行贷款）融资。

此外，创新型创业企业所需的要素价值评估也很难，如尚未被市场证实的产品或技术诀窍，以及其他非传统的要素，如创新智力、知识等。

最后，移动互联网条件下，价值网络结构非同寻常。比如，线上购物商店不同于在网上开个商店，也不同于实体商店将商品卖给顾客。线上购物商店必须建立与购物网站或网络运营商的关系，因此其资本构成也可能大不相同。更常见的情况是,某项目的成功不仅是项目技术或生产部分成功,也与市场网络或资源供应商合作有关,以共同投资为纽带,维系各方关系。

总之,企业家通过要素纽带的作用,将创新产品和技术转化为市场价值,甚至投资模式创新本身就可创业,而不一定是创新产品。

许多人通过他人的授权或购买创新产品的代理权开创事业。这无疑是没有更多的经验与资本积累的新人的一种很好的创业选择:避免从头做起的风险与大量初期投入,可以借助于现成的新产品生产、销售的体系与网络,借助于品牌运营管理经验、品牌声誉以及顾客口碑,实现跨越式创业。

6.4.2 商务模式(business model)创新

商务模式,是指从事商务事业的内容模式、类型,以及在价值链中的地位、角色或依靠何种产品和服务获利。从事一种新产品创业,可以依靠诀窍和核心技术,只做生产加工和制造,做创新、优质、高性能产品的供应商,也可以将专利技术和知识产权授权他人,由加工制造企业代工,而本企业只做品牌营销和商贸。常规的商务模式有生产制造、流通商贸、批发零售、咨询服务等。随着移动互联网的发展,传统的第一产业农业和第二产业制造业中的各种商务模式也不断地组合创新。

新型农业公司利用农业土地流转政策,集中土地或土地权益入股,利用先进的工业化栽培技术,整合农业生产者,订单式生产有机蔬菜、绿色果品,并通过实体分销、单位直供或在线销售。对这种跨界的、工业化生产的农业公司,虽已很难界定其商务模式,但它却是在有效地推广绿

企业家和创新创业精神

色清洁农业新产品、新技术和新服务,是传统的小农生产、农贸市场或普通超市所无法完成的。

"兰亭集势"(Light in the Box)的在线全球婚纱即时化大规模个制的商务模式,利用互联网展示样品款式和产品组合,在线接受订单,与供应商的模块或单裁定制生产方式结合,提供给全球顾客快速、个性、超值的服务,既适应了婚纱市场的特殊需求,又达到了异质化规模生产,是利用互联网平台和多性化供应系统的杰出代表。

示例6-4 兰亭集势

兰亭集势是2013年在纽交所上市的首支中国概念股,不到两个月,股价上涨90%,在海外中国概念股的低潮期逆势收到资本追捧。

这是一家针对海外消费者的以服饰、电子数码、家居用品等"中国制造"为主打商品的B2C网站,业务遍及200多个国家和地区,网站使用英语、法语、日语等19种语言。从产品到经营方式,兰亭集势似乎并无特别新意。然而,当其他电商互相死磕,而婚纱加工业更是硬打价格战,利润越做越薄时,兰亭集势从2008年至2012年净营收却从630万美元增至2亿美元,毛利可达40%,让所有的B2C电商相形见绌,而服饰制造商更是望尘莫及。

兰亭集势的独特之处是:通过互联网整合了价值链,成为价值链的中心,创造了新的商业模式,实现了企业和整个价值网络的市场价值。兰亭集势的婚纱全球定制可以在接到订单后15天交货,靠的是成规模的定制订单、供应商的模块化单裁个制以及强大的服务系统的物流支持。兰亭集势的商务模式创新涵盖企业本身、消费者、制造(供应)商、网站、发货配送、快递、生产工人和相关配套产品供应商等,而不是大多数 B2C 电商所做的——buy it & sell it,或只是网络销售中的一个环节。这种模式的成功经验在于,以网络的低成本和海量的流量减少成本,并与供应商共享定制的利润。

6.4.3 商业业态模式(business format)创新

业态模式即商业模式的分类,如传统制造业可分为来料来样加工(OEA)、贴牌生产(OEM)、原创设计制造(ODM)和自有品牌制造(OBM),而传统零售业按产品可分为超市(supermarket)、大型综合超市(hypermarket)、专卖店(specialty store)、百货公司(department store)等等。事实上,这些传统的制造业、零售业的业态也是长期演化与创新的结果,是不断地专业分工—合作、权益分离—整合,呈螺旋式历史进化的结果。

H&M、ZARA 和 C&A 等快时尚正是时尚零售业发展的一个重要节点,是时尚产业全球化和时尚消费需求多元化的矛盾统一。

创新型创业可以利用现有的制造基地,借助于传统的渠道。然而,传统制造业和零售业业态准入门槛高,体量大而反应迟钝,对于小(型)、轻(量)、新(式)的创新企业而言,不相匹配且入门费用高、风险大。

因此,一类轻资产、虚拟化的创业模式应运而生,如授权生产和在线销售、特许经营等,既可作为授权方,授权他人生产销售创新产品;也可作为受许方,利用其他品牌生产、销售创新产品。

6.4.4 竞争模式(competition strategy)创新

产品生产后卖出去(make it and sell it)或采购后卖出去(buy it and sell it)是传统的赢利模式。前者赚的是成本销售差价,后者赚的是批零或贸易差价。在同质化大规模生产的工业文明初期,合乎逻辑的竞争模式就是价格竞争,价格是交易双方生产效率或成本的比价,价格竞争成为当时最主要的竞争策略,越是低价,竞争力越强。

如果原料成本和最终市场价格不变,即总利润是常数,那么总利润在价值链中的分配就是零和博弈下的"你多我少或你少我多"。这些赢利模式或竞争模式在当时似乎是天经地义的,但现在可能是错的。因为条件变了,产品不是同质的;前提变了,价值链各方并不是零和博弈,价值关系可能是倍增的。

比如,共同开发新产品使价值倍增,总利润远超过去,市场价值并不是由劳动或物化的劳动决定的;附加值也不等于附加的劳动创造之值;产品更不是同质的;产品除了物理产品外,还有服务等非物质产品等。

示例6-5 收费站模式和拉式营销

莱卡纤维是弹性纤维中的优质品牌,刚进入中国市场时供不应求。有人认为杜邦公司可以技术控制这个市场,从纤维原料到纺纱和针织服装"通吃",获得全价值链高额利润。杜邦则坚持做自己最擅长的,即只做纤维,不做最终产品,更不做零售。德鲁克将此称为"收费站模式":只有让高速公路通畅和走得快,收费站通行的车辆多,收费才更多,而不是与客户在公路上抢道竞争。这与国内某些高速公路的"强盗式"收费站模式截然不同。

莱卡纤维甚至给客户提供技术支持和帮下游客户(如泳装企业)做产品宣传广告(科特勒称之为"拉式营销"),以莱卡标签强化客户的产品品牌——原料标签加合作品牌策略。

6.4.5 营销模式(marketing mix)创新

广义的营销模式包括营销战略(品牌战略、目标市场战略、市场定位战略)、营销策略(推广策略、价格变动策略、产品品种策略、渠道策略)、视觉传达和营销业务模式(销售、物流配送、库存等)。

决定营销模式的最关键因素是价值网络结构和企业在价值网络中的地位。

例如,改革后的宜家在价值网络中的地位已从家具家居产品销售渠道变为价值网络的中心,其营销战略的核心是以生活方式主导的面向创意型DIY年轻人的时尚家居市场,具体包括:以时尚模块设计轻质板式组合结构,提供低价格产品、低成本服务,实景展示,顾客自行组装、运输。宜家既满足供应商生产的批量化与低成本,又满足消费者需求的个性化、时尚化,使其成为控制供应商和引领家居消费的领袖。

示例6-6 赢利模式创新打开市场之门

一个典型的例子:可换刀片的安全剃须刀问世时,虽然使用方法安全,但是价格不低,不如到理发店享受刮须服务,其市场销售因此受阻。最后,厂家降低剃须刀架价格,甚至低于成本,从而促进刀片销售,刀片成为赢利来源。这被称为"剃须刀模式"。

柯达在20世纪80年代推出小巧的110相机,使用的是专门的110胶卷,装卸胶卷和冲印都很方便。柯达将相机定价很低,买相机还送两卷胶卷,免费冲印,最终目的是拉动110胶卷的销售。

6.4.6 运营模式(operation model)创新

运营模式,即是指将企业的目标付诸实施的途径与方式。例如,H&M的快时尚策略是靠海量设计、全球采购、季节款式快速周转的一系列创新运作支持的。沃尔玛则是通过天天低价、库存快周转、大批量采购、信息化配送,以达到低价高销售的目标。

6.4.7 赢利模式(profit model)创新

任何营利性企业都要赢利,广义的商业模式的区别就在于赢利模式,狭义的赢利模式是利润的来源,是获得利润的途径与方式。

制造企业的常规获利方式是"做了卖"(make it and sell it),买来原料,加工成产品卖掉,赚的是加工费;零售企业的获利方式是"买了卖"(buy it and sell it),赚的是批零差价,赢利是进价成本加成的模式。

传统上,制造企业是做产品,卖产品;零售企业是卖产品,卖服务。虽然仍有大量企业沿用这种方式,但是赢利模式的创新早就发生了。

设备制造企业可以造设备、卖设备,也可以租设备、卖服务。零售企业可以让顾客用产品,卖体验,也可以创造新的服务。企业获利的途径和来源并不一定是线型的,如提供的产品或服务是A,而利润和现金流却出自 B。

示例6-7　从赚钱到分成,再到分享

在2015年全球气候大会上,中国作出庄严承诺:2030年前后,碳排放达到峰值,单位产出的能源降低60%—65%。这对"中国制造"既是挑战也是机遇。

山东一家生产环保设备的企业研制出一种热交换装置,能回收生产过程中排放的高温水中的热能,原理很简单,技术不复杂,节能效果明显。

但是,这项新技术装备的市场推广却不顺利,一些大企业似乎不在乎,而小企业又拿不出这笔投资。

这家企业想过几套方案:(1)租设备,每年收一定租金;(2)低价卖设备,帮助运行维修,甚至送设备,卖服务。最后,这家企业决定以免费送设备和安装,与企业从节省的能源成本中分成。这对于中小企业而言实在是"免费的午餐"——白拿了技术设备,白捡了节能的好处,何乐而不为？市场马上被打开了,这家企业和客户企业还得到了政府节能政策的资助和奖励。

企业家和
创新创业精神

第 7 章

企业家精神之四：
创新与创业
——冒险精神与决断力

> 我和搭档与企业家打交道时,最关心对方身上是否有这两种特质:智慧与勇气。我的 CEO 生涯告诉我,在面临那些至关紧要的问题时,老天考验的是我的勇气,而不是我的智商。
>
> ——本·霍洛维茨:《创业维艰:如何完成比难更难的事》

企业家精神的核心体现在企业家的创新和将创新转化为市场价值的思想与实践的过程中。创新型创业的最主要特点是不确定性,由于技术上是创新的,往往没有先例可参照,其过程难操纵,其结果难预料;由于要素及组合创新,投资者无法判定最终收益,创业资本的获得无法确定;由于市场是新的,市场的绩效无法预计;等等。

与常规的创业相比,创新型创业的不确定性更大,影响因素的不确定性也更大,而且常常无法判定这些不确定性的发生范围,无法精确估计发展趋势及前景。

因此,企业家需要在极不确定条件下的判断力——决断精神和执行意志,需要极大的冒险精神和应对失败的心理准备及承受力。

不可测性程度

因为技术是新的、产品是新的、市场是新的,没有经验,没有标杆,没有参照学习的榜样,没有标准,所以有更大的不可测性,需要很强的主观判断力。

不可测性异常结果的范围

因为是创新型创业,处于非常态条件下,有太多的非常规因素,有各种出乎意料的结果(类型),所以企业需要坚强的承受力以及心理准备与预案。

很高的期望收益

创新型创业有很高的期望收益,然而不可测性和不确定性使投资者很难评价项目的收益和投资价值。因此,企业家要有非同一般的游说能力,风险投资者要有独具慧眼的判断力,双方要理解信任和协同决策,而这种配合可能很生疏。

7.1 创新型创业的不确定性与风险

任何经济社会的发展都存在不确定性,任何商业活动都存在风险,投资和创业更是如此。

不确定性与风险

不确定性是未来事物发展结果的不可测性(结果的质性、数量都不可测);若能以统计的方法测算出不确定事件发生的概率或数量区间,称为"风险"。

系统风险与非系统风险

系统风险(systematic risk)是指影响系统内同类事物(如中国股市中的各个股票)波动的因素造成的那部分风险;而非系统风险是指仅影响

个别企业而与其他企业无关的因素造成的风险,如公司决策失误、公司内部员工罢工等。

7.1.1 企业的常规风险

技术风险

新产品的技术难度高,存在较多技术瓶颈待改进,技术实现的可行性未决,包括材料生产、装备、开发成本、达成预计的功能和性质的可能性,以及从设计、小样生产到规模化生产中的障碍等。

市场风险

这包括:市场接受程度与时间、销售实绩变化、消费者反应、市场规模(商业化规模、市场潜力)、市场增长(增长率、增长阶段)、竞争产品、技术和竞争者的挑战、市场拓展投入和销售实效不相称等。

财务风险

这包括:融资风险,资本可获得性和资本成本发生风险,产品研发、市场开发费用和成本风险与预期偏差、运营成本增加、库存缺货/剩货等风险导致现金流风险等。

此外,还有其他风险,诸如法律、政局、非常规的突发事件、自然灾害等。

7.1.2 典型创新型创业风险因素

非系统因素

这包括:技术上的不成熟、开发瓶颈、突破性障碍、相关或配套技术开发滞后等,比如新能源的燃料电池发动机的关键技术未能突破。

顾客预期反应的不明

例如,一些性能优越的新产品面临市场惊喜或者市场遇冷,消费者反应冷淡或热烈,呈两个极端。

创业组织的不适应

这涉及创业团队的构成、专业知识水平、团队本身的治理结构和行政结构等。创新型企业的生存时间普遍较短,原因之一是初创团队的内部冲突。

相关支持产业不配套

这是指与产品相关的产业不能衔接。例如,太阳能光伏电池涉及晶硅、光伏元器件、应用配套产品开发等,相互之间不配套即为风险因素。这既与企业内部能力有关,也与创业联盟策略有关。

企业实际的运营与管理

创业企业需要常规的标准管理,如成本核算、财务资金管理和结算等,也需要突破常规的管理创新,或能组织变革,否则创新任务没有创新组织的支持。

企业内部的因素

例如,人力资源不能适应、资本来源有限而影响产品技术开发和市场开发。创业中,这些要素资源更为独特,无法向成熟企业借调。

示例 7-1　从成功产品到成功市场

汽车大灯的眩光会使对面的司机瞬时盲视而造成交通事故。有人曾想到能否用偏振光的原理,即前挡玻璃与大灯玻璃用不同的偏振光片玻璃,既可以减轻炫目光线,又不影响照亮路。这在理论上是可行的,实际上却很难。这要求所有汽车,现在的、过去的和将来开发的,都要用到这样的技术,都要进行相同的改造。

新的产品要形成可行市场,应有一定的销售体量,且保证赢利有一个系统的阈值。

电动汽车能否形成市场?制约因素更多:长效且轻便的电池组、续航能力、价格等。此外,充电桩、充电站和快速充电时间是更大的障碍。充电站的建设依赖于新能源电动汽车的销售和市场普及。电动汽车的销售量小,无人愿意投资公用充电柱,没有充电桩,销量价格高,反过来影响销售流量,充电桩的第三方投资也处于观望状态。如何打破死循环?谁来打破这种互相制约的状况而形成良性循环?谁是第一推动力?

至少目前电动汽车"革命尚未成功",因为还没解开这个"死扣",市场良性发展的阈值还未跨过。

这不是单靠一个企业的技术和商业模式创新就能做到的。

7.2 企业家的冒险与探索精神

区别于赌徒和投机者,企业家对创业未来是有洞察力的,而不是赌一把;是有判别力的,而不是盲目的;是靠实际执行的,而不是指望撞大运。

冒险精神

创新型创业后果存在极大的不确定性、不可测性,又因为没有先例可借鉴,没有经验积累可学习,企业家必须依据自主的判别,"在极不确定的环境中作出决策,必须自己承担决策的全部后果"(Knight,1921)。

企业家和创新创业精神

德鲁克认为,创新型创业会带来很大的收益,因此企业家并不会进行没有价值的创业。但是,因为创新型创业没有现成的经验和清晰的路径,才需要冒险精神,要明确创业后果和需要承担的责任,并为这些可能的后果设立预案。这是与赌徒式的冒险的区别。

判别能力和决策精神

创新型创业的巨大不确定性,使得对创业过程和结果作出精确判别和评价成为不可能,或者无法用常规的判别准则和指标来作决策。这就需要企业家有区别于常人的判别能力,能深刻把握创业项目本身的技术内涵和市场潜力,适时作出正确的决断。这需要专业知识,更需要专业的智慧,同时也要摆脱传统的思维模式,屏蔽其他人和舆论的干扰,包括大多数人正确的"高见"和指导。当我们在事后惊叹阿里巴巴等的巨大成功,或后悔失去了创业机会时,应该钦佩马云及其团队以及投资者的坎坷经历和英明决策,更应该钦佩马云面对1:23的反对意见时的坚持。

担当精神

企业家要在极不确定的环境中作出决策,必须承担决策的全部后果,这就是担当精神。企业家担当的不仅是成功的利益的获得,以及合理的分享(独吞就不是合理的担当),更是对失败和错误的担责,只有这样才能让投资者放心。担当让团队信任与忠诚,让创业能够有深入执行或延续发展的可能。只有担责而不是推诿、贪功、文过饰非,才能发现问题,接受教训,把事情做得更好。一些创业团队往往坚持不了多久,甚至成功后仍出现冲突、解体,就是因为缺乏担当。

承受能力

创新型创业需要企业家承受困难与挫折的打击。抗击打能力是拳击运动的基础,"KO"击倒对手的前提是自己不被"KO"。有一位脑瘫的电商创业者,他的坚韧来自于童年所遭受的一切蔑视:旁人的辱骂、中学的拒收、应聘时的白眼。马云现在的光辉是过去的挫折和失败炼就的。企业家的承受能力主要是心理上的,要承受投资者、合作者、团队成员的不理解以及传统的偏见,竞争者别有用心的算计甚至诽谤、诋毁,也包括物质和精神上的承受力。正如那位脑瘫企业家所说:小时候,别人过一道坎,一跨就过去,他要先爬上去再爬下去。但是,无论如何,他爬过去了。没有失败过的企业不能算是成功的企业,不曾经历挫折的企业家也算不上真正的企业家。

执着精神

支撑承受能力的是执着精神,对理想的追求,对目标的坚定,对完美世界的坚持,对本人和创业团队的自信,坚持走所选择的道路。"没有过不去的坎",既是人生态度,也是创业态度。企业家秉持执着精神并不是保守顽固,本质是创新。苹果平板电脑和手机的外观设计坚持颜色的纯洁和机体的转角弧度一丝不差,一点差错都不容许,而按键和接口一个都不要,坚决与作为工具的电脑和手机划清界限,把技术与艺术做到极致。有人说乔布斯有点偏执,这或许与性格有关,或许是为了与俗者的平庸思想决断。

创业的成果不是一蹴而就的,谁也不知道成功何时到来,"成功存在于再坚持一下的努力之中"。

探索精神

创新即探索新的市场、新的产品和产业、新的技术、新的路径、新的机会。在创新型企业中,这些探索目标都是新的,而达到这些目标的路

企业家和创新创业精神

径是要去开拓的,实现这些目标的技术手段和方法是新的。企业家可摸着石头过河,也可搭桥过河,或依靠助力"飞过去"。企业家实现创业目标的创新过程就是一系列的探索:探索新的产品概念、新的市场、新的应用、新的流程、新的材料、新的途径、新的商业模式、新的生产方式。

7.3 企业家"柔"道

敢于冒险和勇于探索是企业家应对极大不确定性和艰难挑战的"刚"的一面,而"柔"是应对艰难险阻的另一种值得称道的精神。

不要事必躬亲

企业家不必什么都自己创新,即 NIH(not invented here)。如果什么创新都自己来,那就意味着要承担更多风险。聪明的企业家是利用已有的创新,学习别人的经验,善于应用社会资源,发挥后发优势,采取巧战略。

不要独占利润

企业家让其他利益相关者分担新产品的研发、渠道开拓、制造、原料供应、市场推广职责,分担风险,也要让其分享利润和市场。分工合作可降低难度,减少竞争者和麻烦制造者,凝聚相向而行的力量。

不必高科技

市场价值与是否为高科技无必然联系。协和超音速飞机是世界领先的高科技产物,却以失败告终。中科技、低科技甚至零科技创新有更多的商业机会与更少的技术障碍和风险。中科技、低科技和零科技进入、退出的障碍和成本小,因为风险小。更少的投入和前置时间也可以带动更多就业，使社会更广泛地参与。例如，卡拉OK使用成熟的多声道音频播放技术，并无技术难度，没有市场壁垒，推动了娱乐服务业。

不必追求规模最大化，而是予以优化

规模大，摊子铺得太大，惯性大，投入大，回旋余地小，投入期长，风险也就大，应对不确定性的灵活性差，可选择的策略空间小。国内一些巨人级的企业在创业爆发期垮台就是明证。所以，应轻资产，精团队，小产品，大市场。

不必固执于档次，刻意追求细节

客户只对有价值的东西付钱。创业与市场化初期，消费者只对创新概念感兴趣，只被总体印象吸引，只关注应用，不关注后台关键技术。因此，不要拘泥于技术先进和高效，不要拘泥于非关键因素，不要被细枝末节的问题捆绑。

示例7-2　从尾货中做出事业

中国是世界最大的服装生产国，在大量的外单贴牌加工过程中，总有大量的尾货、次品、样品和退货等。这些成品或半成品成为加工企业的负担，占用了仓库场地，而自行销售既有许多法律限制，又要花费投资，专人专店，加之服装存货断断续续，得不偿失。企业往往以斤论价，或者作垃圾处理。实际上，这些出口产品往往品质好，面料与做工精良，款式时尚且独一无二。某大学城的学生看到了这种商机，他们定点定牌收购这些余单库存服装，经过清点或稍作修改，剪标后出售，创造出了繁荣的事业。

企业家和创新创业精神

示例 7-3 大学生的创业机会在哪里？

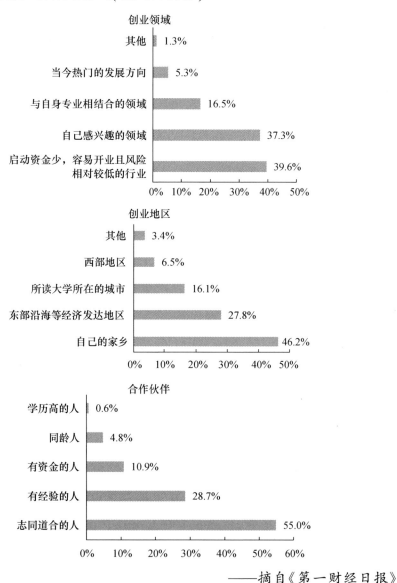

——摘自《第一财经日报》

企业家和
创新创业精神

第 8 章

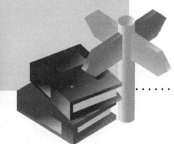

企业家成长环境和企业家文化

乔布斯把这种专注的能力和对简洁的热爱归功于他的禅修。禅修增强了他对直觉的信赖,教他如何过滤掉任何分散精力或不必要的事情,在他身上培养出一种基于至简主义的审美观。

遗憾的是,禅修未能使他产生一种禅意的平静或内心的平和,而这一缺憾也是他遗产的一部分。

乔布斯人格中令人不快的一面并非必要,但有时候确实能达到某种目的。礼貌圆滑、小心不去伤害别人的领导者在推动变革时一般不那么有效。数十名被乔布斯辱骂得最厉害的同事在讲述他们冗长的悲惨故事时,最后都会说,乔布斯使他们做到了做梦都没想到的事情。

——沃尔特·艾萨克森:《史蒂夫·乔布斯传》

综合回顾企业家的成长和企业家经济的发展历程,一些现象值得思考:

为什么关于企业家的讨论会在热闹一阵后便归于沉寂,而后又成为热点?

企业家为什么会在一个时期大量涌现?

企业家精神何以成为某些经济体在某个阶段关注的先进生产力的代表？

企业家在什么样的环境下涌现和成长？企业家精神在什么样的社会土壤中发芽、孕育？企业家经济在什么样的条件下才能壮大成为经济的发展动力和支柱？

企业家经济为什么在个别国家成为一种集体性现象，而在具有相同社会经济条件的国家却不成气候？

除了经济与社会条件外，文化与教育对企业家的影响如何？创新文化与创新教育同企业家与企业家精神有何关联？对企业家经济有何影响？

本章讨论企业家、企业家精神与企业家经济形成的条件与环境，重点是文化条件。

8.1 企业家成长的历史条件

8.1.1 时势造英雄——企业家和企业家经济成长的时代条件

本书开篇提出企业家出现和成长的时代条件：世代更替之际，当人类社会出现极大的失衡，经济出现危机时，当大多数人包括过去的精英被传统拖累，陷于困境而不能自拔或惊慌失措时，企业家以其独特的思辨、反常规的思维和决断的行动，发现不均衡，打破旧的均势，颠覆原有产业格局和市场竞争规则，发现企业的"蓝海"和新的策略空间。哈耶克（1937）认为，一个企业家引起的这些变化会产生溢出效应，影响和改变其他企业的环境，更多的企业家效仿涌现，最终引发新一轮经济增长。

熊彼特称企业家是经济发展的带头人,张维迎更将企业家颂为"经济增长的国王"。卡森(1982)认为,时势环境越复杂,变化的速度越快,这些变化所要求的结构性调整越彻底,对企业家的需求也越大。这种强大的需求将促进企业家的发展。一旦条件成熟,无数企业家将涌现,构成企业家经济最具活力的要素主体,也将促使企业家经济呈指数级增长。

时势造英雄,变革的时代成就了企业家。但是,不是乱世造英雄。乱世可能成就政治枭雄,却不利于企业家经济。为什么第一次工业革命发生在英国,第二次工业革命发生在美国,而不是科学思想成熟、创新迭出的法国?在第一次工业文明发展成长中,法国的专利数和教育增长不亚于甚至有时超过了英美。英国的"光荣革命"是最不像革命的真正革命,而法国大革命最像革命,"自由、平等、博爱"的思想影响了全世界,然而并未达到革命的目标,过程中也充斥着暴力、血腥。英美较早地完成了政治改革,构建稳定的社会和政局,有利于经济发展和企业家潜心创业。相反,欧洲一些国家的政治乱局,破坏性的犬儒主义和民粹主义(在民主的旗号下),极端的民族主义、无政府主义,以及底层民众的激进诉求,特别是血腥的暴力革命,造成极大的社会动荡,企业家往往成为受害者,更增添了创业的不确定性。

因此,一个相对稳定的政局和体制,相向而行的社会共识和目标,改革、创新、进取,实现共同梦想的意志和信念,是企业家和企业家经济生存和发展的必要条件。

8.1.2 成全企业家创新梦的技术和环境

企业家成功的技术条件首先是技术创新生成和实现的条件,同时代

企业家和创新创业精神

的科学技术发展水平决定了创新本身的价值实现——成为产品和造就市场的可能性。这其中还包括相关技术与装备,市场运用的配套产品和技术。例如,无线通信技术就包括传输技术、编码技术、发送与接收技术、光纤技术、显示技术、网络分配技术等,生产通信产品的材料、工具、工艺等,以及相关技术的基础科学的进展。

最后,这些创新在应用之初就要有足够大的市场需求,至少超过维持增长的临界点,有规模效应,足以支撑其初期研发和市场开拓的费用,并给投资者足够的信心,给顾客正面的示范。中国有众多的人口、广阔的地域、巨大的潜在市场、独一无二的网民,这是中国创业者的幸福。

8.1.3 造就企业家经济的实践基础

企业家的作用和贡献是,将创意与创新付诸实践,将创新转化为市场价值和企业的利益,以及社会的进步和经济的增长。这是一个以创新技术开头,导出一系列创新创业活动的过程:发现新的增长要素,将所有要素重组,产生更大的活力,发现创新价值,开拓新的应用、领域和市场,将创新转化为新的财富。因此,实现企业家的创新梦想,成就企业家的创新思想与计划的基本条件是:资本、土地、劳动、知识等要素是独立的,没有束缚,可以获得并交易,这样方能通过市场交易和要素重组完成创业目标。企业家既不是资本拥有者,也不是经营者,资本的所有者要赋予企业家足够的空间与自由度。市场是自由的和没有藩篱的,无论是要素市场还是产品市场,都是可以进入和退出的,至少进退的成本或代价很低,交易成本和市场权利是可界定的。如果要素被非市场因素绑定,就不可能拆分重组,被超经济因素干扰的市场只会徒增企业家创新成本和风险,甚至成为不可逾越的障碍。企业家经济必须要有规则,是具有契约精神的法制经济。对企业家而言,要有稳定的制度环境、公平的游戏规则、可预期的后果以及相对应的责任和权利。

企业家经济的形成需要企业家群体,而不只是一两个标志性的人物。换一种说法,有一大群企业家,才能形成群体效应,影响企业家本身,促进企业家学习和培养,共同成功。只有无数企业家成功,才有繁荣的企业家经济。

如何让企业家成功,发挥企业家的潜力?要让企业家有思辨的自由、想象的自由和活动的自由,而这几种自由的保障是市场信用法则。试想,若一个社会充满失信行为、出尔反尔,漠视企业家的艰辛探索,而一旦他们成功,就将其成果占为己有,无故剥夺、侵占创新利益,随意贴上莫须有的意识形态罪名,那么就会发生逆选择,只能助长不求进取、偷鸡摸狗、无所作为的社会风气,只能培养鼠目寸光、假公济私、以权谋私、劣胜优汰的退化群体。改革开放初期,在招商过程中,一些政府官员"开门引资、关门打狗"的伎俩伤害了一批投资者和创业者,毁坏了社会风气,延误了经济发展。现在这方面虽有很大改进,但还有差距。自由贸易区的"负面清单"和"正面清单"就是透明规范的做法。

这种对创新自由的保护不仅体现在成功的企业家身上,还包括对失败的企业家的保护与宽容。

两百多年前,亚当·斯密说:"除了公平、轻赋税和宽容的司法行政外,把一个最贫困的国家变为最繁荣的国家就不再需要别的什么了。"这同样适用于在中国创造繁荣的企业家经济。

企业家和创新创业精神

8.1.4 科技创新中心的环境和创新空间

创新者往往集中在几个科技创新活跃的城市,即科技创新中心。在移动互联网条件下,这些科技创新中心不一定是大城市。

经济地理学家迈克尔·斯道伯(Michael Storper)把市场经济条件下的科技创新的空间模式总结为"7Cs":

创新编码与交流(codes & communication)

创新知识往往是一类心照不宣的知识(tacit knowledge),是只能意会不能言传的信息。这些珍贵的知识又是创新所必需的,需要一定的空间实行高频度的、面对面的交流,不断地在发明者、传授者、生产者、用户之间沟通磨合,强化理解。

创新渠道(channels)

科技知识信息需要渠道传播。全球化条件下,科技创新中心往往是创新网络中的节点城市,除了信息知识渠道,还有人和物交流传递的渠道;除了互联网渠道,还有实体渠道。如公路、高铁、飞机等,对于科技专家之间的交流以及从思想到市场的对接,光靠这些渠道是不够的,还要有科技机构、高校、制造企业与市场的对接渠道。科技创新中心是最好的交互枢纽与界面。

创新集群(clustering)

科技创新集群不仅是制造生产的集群、资本与装备的集群,更是人力、知识资本与智力的集群。这种集群使得创新城市逐步形成"极化"现象,在一些专业领域形成特色,为相关的创业者提供了条件。

创新协调（coordination）

新产业革命时期,创新的特点是,基于学科交叉、知识多元、领域跨界的协同,集成整合。科技创新中心更能提供多样化的创业生态和交流合作的平台。

创新竞争（competition）

与工业文明的资本威权、市场垄断、产业专制的工业中心城市不同,创新空间是更健康的竞合。竞争总会有失败与被淘汰,这不是"丛林法则",不是"大鱼吃小鱼",不是尔虞我诈和自相残杀,不是"劣币驱逐良币"。创业总会有曲折,这是一种吐故纳新,是优胜劣汰的进化。

创新团体（communities）

尽管科技专家和创业者身处各地和各领域,但是共同的兴趣领域和依托的创新研究基础环境,使他们在虚拟空间,更在地理空间相聚。更重要的是,科学家、技术工作者、发明家、实践者、创业企业、投资者和商业中介以创新为纽带,凝聚在一起。

创新情景（context）

空间的创新背景包括:创新文化与氛围,创新产业"公地",创新相关与支持技术发展的成熟度,创新要素资源配比和活性,以及形成的创新启动窗口期和窗口的大小。

示例8-1　城市区域差异与创新特征

【模式一】波士顿:大学和政府驱动的科技创新中心

波士顿地处美国东北部,拥有被称为"硅路"的128公路高新技术产业带,其科技创新水平居于世界前列。进入21世纪以来,波士顿地区的高新技术产业不再局限于128公路两侧,逐渐向剑桥市和环495公路一带扩展,形成高新技术产业园区。高新技术产业中,生物技术产业发展潜力最为强劲,肯德尔科技区已经成为生物工程的"硅谷"。强有力的政府和一流高校的合力作用促使了波士顿全球科技创新中心的形成。

【模式二】新加坡:政府驱动科技创新发展的典范

自1965年独立以来,新加坡经济经历了由劳动密集型产业向资本、技术密集型产业,再向知识密集型与创新产业转型的发展过程。目前,新加坡已成为以知识经济为基础的创新城市,尤其在生命科学、电子信息等领域居于世界领先水平,被誉为"科技天堂"与全球"生物岛"。新加坡的成功转型在很大程度上得益于政府对其创新生态系统的建设。

【模式三】东京:高度内生型全球科技创新中心

东京是日本首都,也是世界重要的科技创新中心,其创新综合实力全球领先。近十年来,东京PCT专利申请数量稳居世界第一,是全球科技创新产出能力最强的城市。东京是一个典型的内生型全球科技创新中心,本土企业是其科技创新的绝对主力,外资及公共研发依存度均不足1%,创新的内生性极强。

【模式四】特拉维夫:内生与外源结合的科技创新中心

以色列的特拉维夫有"硅溪"之称,也被称为"世界第二硅谷"。在这个面积只有52平方公里、人口仅40万的城市中,集中了以色列绝大部分高技术企业,拥有除美国硅谷之外全球最集中的高科技企业群,同时也是世界上初创公司密集度最高的城市之一,每平方公里就有13家初创公司。在国际著名创业调查公司Startup Genome发布的《2012创业生态系统报告》中,特拉维夫在人才、创业产出、资本等多项指数中名列前茅,综合排名第二,仅次于创业高地硅谷。

【模式五】哥本哈根:低碳科技创新引领城市变革

丹麦首都哥本哈根除了被誉为"最适合居住的城市"和"最佳设计城市"之外,还是全球著名的科技创新领导者,尤其以杰出的清洁技术创新能力而闻名,成为独具特色的低碳科技创新城市。

【模式六】慕尼黑:用新技术武装传统产业

地处德国南部的慕尼黑以科技创新立城,素有欧洲"硅谷"之称,是欧洲科技创新活动最为活跃的地区,也是欧洲专利局、德国专利局和德国专利法院的所在地,科技创新水平世界领先。慕尼黑的传统产业根基深厚,类型多样,其中汽车制造业傲视全球。慕尼黑不但以新技术武装传统产业,使其经久不衰,现代高科技产业的规模也十分庞大,其中电子电气、生物和激光等产业发展势头强劲,形成了一系列高新技术产业集群。

——摘自《新民晚报》2015年5月25日

8.2 企业家成长和企业家经济发展的文化因素

广义的文化是人类的思想程式,是认识、评判事物的分析框架和价值体系。各时代的文化没有对错之分,世界各民族的文化没有优劣之别。但是,文化一定有历史的局限性和时代的适用性,每个民族的文化一定既有精华,也有糟粕,因此也一定有先进与落后的差别。同样,对于企业家与企业家精神的生存与发展,一定有适合和不适合之别。例如,科举考试原本是一种公平的选择人才的制度,在反对世袭制度中有其历

企业家和创新创业精神

史进步意义。然而,长期的应试教育和以此形成的评价体系却不利于创新人才的成长,常常会扼杀一些杰出人才,尤其是创新创业人才。有一些偏才、怪才,通常他们的综合考试成绩未必出众,对某些传统的知识不感兴趣,思想行为不那么循规蹈矩。有人批评中国教育,继而引申出中国传统文化是保守的和压制性的,认为东方文化是守旧,西方文化是创新,或认为只有西方文化才是企业家创新文化。这显然是偏见,也不符合事实。乔布斯的创新创业经典格言源自东方哲学,深受"禅"的影响。当代企业家群体的战略方针和创新思辨有很多受《孙子兵法》和《易经》等中国文化典籍和哲学思想启发。

客观地分析,中国的工业革命历史较短,科学和教育水平总体上与先进国家有差距,经验不足,理论更缺。这就需要学习世界最先进的文明成果,企业家要站在创新文化高峰,筑造企业家文化,包括创新的文化、创新的群体文化和企业家个体文化。

8.2.1 企业家创新创业的环境文化

毫无疑问,工业文明孕育了企业家,而科学革命导致了工业革命的发生。但是,深究科学革命的起因,是14世纪至16世纪的文艺复兴奠定了人文主义的基础,摆脱了中世纪思想的束缚。实际上,科学革命本身就是文化思想的改革。从哥白尼的天体运行论(1543年)到牛顿的数学原理(1687年),这些科学和社会思想的进步为经济革命、商业革命和之后的工业革命扫除了障碍,开辟了道路,奠定了基础。

和西方工业文明并行的东方文明为什么没有引发工业革命?郑和七下西洋(1405—1433年),技术上的成就无可匹敌,其航船比哥伦布的船大了三四倍,曾到过非洲东岸,而哥伦布直到1445年才到佛得角。区别在于,郑和是遵从皇帝的旨意,弘扬中华帝王浩荡皇恩;而西方航海家带着市场扩张的野心、宗教热情和探索思想,代表经济膨胀的持续力量(虽然常常不那么道德)。

奥斯曼、莫卧儿帝国都是处于同时代的强国,有高度的文化成就,却缺乏经济动力。宗教学院强调神学、法学和修辞学,舍弃天文学、数学和医学,与西方文明南辕北辙。

示例8-2 128公路园区和硅谷——创业创新文化

20世纪70—80年代是计算机和信息产业高速发展期,位于美国东部的128公路(Route128)和西部的硅谷是IT产业园的代表。

在Route128,依靠东部强大的工业基础和资本实力,一些计算机行业巨头如DEC等占据发展先机。然而,不久,硅谷取而代之,成为美国乃至世界IT产业和信息革命的发源地。Route128却逐渐淡出人们的视界。

有人把Route128和硅谷的发展归因于产业发展政策,认为Route128更依赖于大企业,而硅谷则是小微企业的乐土,前者关注的是成长后的巨人,后者则在培育新星——未来的领导者。

另一种观点认为,相邻的文化环境是影响园区发展的决定性因素。Route128紧邻波士顿,有哈佛、MIT等名校,治学严谨,行事规范,在自然和人文社科领域独执牛耳,培养出多位总统和诺贝尔奖获得者。然而,这种严格的理论和学术风格却未必适应快速变化的IT产业。斯坦福大学相对宽松的氛围,更适宜创新创业人才和思想的培养,构成了硅谷兼具包容性与开放性的产业文化特色。

在斯坦福大学，你可以看到学生脚踩滑轮去上课，这在哈佛大学几乎看不到。从"休闲星期五"到"休闲每一天"的着装风格是从硅谷兴起的，而哈佛大学教授与学生的着装则要刻意得多。圣荷塞的咖啡馆是创新者、创业者与投资者的平台，在哈佛广场的酒吧里则常常有大学者交流学术。斯坦福大学的课程又是一种特色，如经济(economics)与工程(engineering)的结合，称为"Double E"，通常指电子工程。

哈佛大学出过像比尔·盖茨、扎克伯格这样的 IT 行业中的领袖，但是他们都是在权衡学业和创业机会后于中途退学去创业的。这并不说明哈佛大学教育不好，哈佛大学、MIT、斯坦福大学都是一流名校，在科学研究和培养人才方面站在世界顶峰。不过，文化特质会对培养人才的目标产生影响。

传统文化的变与不变

几千年的中华文明相对稳固地延续，虽然受到过外族侵犯，但是大国文明的根基从没有被颠覆，只有外部文化被同化，除了"中国"的认同和经济技术的领先水平外，文化基因具有排他的独特性：方块文字。造纸术和活字印刷术对文化的影响是颠覆性的，唯一难改的是方块文字的稳定性：难拆解、难转换、难被异文化借用重组的结构。西方文字和语系则相反。历史上，西夏曾经试图制造一种更复杂的方块文字以替代汉字，就技术层面的成就而言令人叹为观止。然而，最终连西夏也湮灭在历史中。虽然现代科技已经破除了文字交流的障碍，降低了思想文化交流的困难，但是稳定的思维模式还影响着中国人。

众多的人口、广阔的疆域、长期相对富庶的农耕生活方式,以我为中心的中央大国地位,俯视世界的对外关系、科举制度、儒家学说,久经磨砺的思想体系,都是中华文明稳定延续的基础和支撑框架,是宝贵的精神财富和文明瑰宝。不过,这种稳固"围城"抵御了侵入,也阻碍了变革,如中庸之道、固执祖法、墨守成规、小富即安、等级秩序、论资排辈等。

示例8-3　政府与风投在创业中的角色

以科技水平领先闻名的以色列,也是世界上人均风投额最高的国家,平均每2000人中就有一人创业,710万人的国家拥有4000多家科技创业公司,有100多家公司在纳斯达克上市,高科技公司的年出口额达200亿美元。以色列创新创业的发展,与政府成立的风投引导基金优兹马公司密切相关。

套用约翰·列侬那句话,猫王艾尔维斯之前,无所谓摇滚,以色列风投协会主席贝瑞说,在优兹马之前,以色列无所谓风投。

20世纪90年代前期,还是投资风险很高的时期,在以色列基本没有私人公司进入这个领域。政府在1994年出资1亿美元并引入海外基金,成立了以鼓励私人创业为主的风投公司优兹马公司。优兹马充分发挥政府引导资金的作用,鼓励私人创业,鼓励其他风投资金投资这些企业。优兹马只共担风险,不分享赢利,当企业成长壮大后,优兹马便以接近成本价退出。

优兹马的做法很快吸引了大量风投进入以色列的创业行列,五六年间,创业公司从100家增加到800家,各路风险投资从5800万美元迅速增长到33亿美元,极大地推动了以色列科技公司的创业热潮,进而大大促进了以色列高科技产业的发展。在英特尔、苹果、Facebook 中都有优兹马的身影,跟中国有关的则是小米科技。

——摘自《新民晚报》2015 年 5 月 25 日

8.2.2 文化维度与创新创业精神

霍夫斯塔德(Hofstede,1980)用四维度的文化表征区别地区、国家民族文化差异对区域经济发展的影响,即个人主义—集体主义(I-C)、权力距离(P-D)、避险(U-A)、男女角色(sexual role)等。

文化四维度提供了一个对理解企业家环境文化很适用的分析框架。比如,I-C 维度中,高度个人主义的文化相对更崇尚行为独立,更强调市场经济,对初创者和众创的小人物予以认同与赞许(而不是家族作风),不强调原秩序的权威和对其的忠诚。

推行低权力距离(low P-D)的文化更强调平等,或将等级差异降到最小,弱势者的合作带来了团结,任何权力都应合法且应被约束。

低度的避险取向(low U-A)下,社会更宽松,宗教和信仰更宽容,较少书面规则和程序,较少按层次论人之高低,人们更少循规蹈矩,更愿尝试新的事物,具有更强烈的竞争和冒险精神。

男女平等的社会里,强调分享与关心,主张较少的生存张力,更平和地接受不确定性,因而更愿意冒险,较少保守,较注重感性和体验而又不情绪化,容忍差异。

霍夫斯塔德的文化四维度的分析框架给出了文化与创新创业精神和实践的关联,从中可以看出西方工业文化和中国传统文化的明显差异。即使在中国,也存在文化差异。

> **示例8-4** 包容、开放的硅谷文化

全球科技创新中心的文化要素应该主要包含两方面特征:一是包容性,二是开放性。

包容性的创新文化能够吸引高素质人才,并有利于人才的成长,最大限度地激发人的创新激情与活力,为施展才干提供更多的机会和更大的舞台,从而促进初创公司繁衍和高水平创新成果产生。包容性的创新文化具有推崇创业、宽容失败、鼓励冒险的价值观,其核心是激励成功,也宽容失败。世界创新之都硅谷就以具有包容失败的商业文化而闻名。那里的企业普遍推崇的价值观是"允许失败,但不允许不创新""要奖赏敢于冒风险的人,而不是惩罚那些因冒风险而失败的人"。

开放性的创新文化降低了人才的进入壁垒,有利于多样化人才被当地的社会和经济生活接受并迅速融入其中,从而推动该区域的创新和发展。借用一个电脑术语,那些区域必须做到创造性人才"进入就能发挥作用"。多元、开放的创新文化已被证明是科技创新与城市发展的关键因素。

——摘自《新民晚报》2015年5月25日

泛珠三角(包括闽三角)地区更崇尚四海一家和行为独立,注重实效的思想方式,对不同宗教保持宽容,更偏向与弱势者的合作,这使"广深"成为中国市场改革和开放的先驱与创业的乐土。泉州作为历史上海上丝绸之路的启航点,世界三大宗教和谐相处、宽容相待,如今形成产业

企业家和创新创业精神

集群,业内企业互相帮衬,共享市场和资源,而不是恶性竞争。

示例8-5 浙商上海创业成功人数最多

2015年7月25日,胡润研究院发布了《2015胡润浙江地区财富报告》,揭示了浙江地区的高净值人群规模、地域分布和行业分布等情况。

浙江只占全国4%的人口,而浙商在百富榜上占到了15%,而且前几名浙商在百富榜上的排名非常靠前,马云2014年还当了首富。

据报告显示,浙江地区高净值人群数量全国排名第四,其中有600万(元,下同)资产的富裕人士已经达到41万人,比上一年增加3.01万人,占全国13%;千万资产富裕人士14.6万人,比上一年增加1.3万人,占全国12%;亿万资产富裕人士8790人,比上一年增加990人,占全国11%;5亿资产以上的超高净值人士2004人,占全国11.8%。

浙江每380人中就有一人是千万富豪,每6200人中就有一人是亿万富豪。其中,杭州每230人中就有一人是千万富豪,高于浙江平均水平一半以上。

值得一提的是,上榜浙商中,浙江出生而在外地创业成功的有42位,其中去上海和北京的最多,分别有19位和9位。外地人在浙江创业成功的并不多,浙江人出去创业成功的倒很多。

——摘自《新民晚报》2015年7月25日

诸暨是"世界袜业之都",袜企中很多掌门人是女企业家,她们是西施故乡的女人,不失婉约美丽,却自称"南人北相",性格豪爽直率,集群内相处融洽,产品创新,差别定位。宁波象山是中国最大的一个针织产业集群。宁波是中国最早的资本脱离土地,向上海转移的城市和开放港口,宁波人具典型的海洋意识,同时男权意识强烈。象山曾是封建王朝贬官革职的流放之地,祖先"同是天涯沦落人",其后代的企业家更多是合作抱团,行业兴旺时有福同享,市场低迷时共渡难关,很少抱怨、责难,坦然接受不确定性。

上海是外来创业者的天堂,本地的企业家很少,本地人更倾向于在一个稳定的企业组织中担当高级管理者,他们管理精细,处事缜密,有契约和法制精神,不愿破坏原有秩序和结构。人们不禁要问:成就创业究竟是企业家本人的文化特质重要,还是环境重要?

示例 8-6 创业之都

深圳从一个渔村成为中国乃至世界上最具创造力的城市之一。腾讯、华为已成为世界级的创新企业,每天还有无数创业者如春笋破土而出。这是一个以创意、创造、创新、创业为标志的城市,20世纪80年代涌现出像万科、平安、招商银行等巨头,也有年轻的"老牌"企业,如金地、赛格、金蝶。此外,更有一大批不为人所知,更像苹果公司一样的后起创新型企业,如大疆创新(无人机)、一电科技、华大基因、大族激光、怡亚通(外贸供应链)等。深圳还成为创客天堂,成为创业的乐土,一大批本地和外地大学的年轻创业者来到这座年轻的城市。

这是一个创意之城、设计之都、创业之谷。"深圳现象"说明中国不缺乏企业家的智慧,但需要加厚、铺宽企业家的"土壤层":开放的市场、规范的制度、独立的资本、活跃的思想、新城市文化,或再少一点负担,再明晰一点的正负清单。

8.3 创业者文化和企业家的文化特质

8.3.1 企业家的个性特质

哈耶克认为,企业家是一个特殊时期的特殊群体,企业家的判断决策是相当主观的,即很大程度上受主观信念的支配,这种判断能力和自信心来自于文化的影响。

企业家有强烈的自信,这有助于形成对情景的独立判断。企业家强调自我,而非宿命地去服从自然或世俗的权威,不安于接受主流观点,而是独辟蹊径。企业家有领袖意识和英雄主义,但不迷恋权威的官僚地位,雄心勃勃地追求创造与超越,认为"我们必须有绵延不断的变化与改进,这样就没有人能跟随并与我们竞争"(伊士曼),"产品改变工作、生活方式"(乔布斯),"生活方式改革零售业态"(沃尔顿)。

企业家对创新的追求近乎偏执,"那些疯狂到以为自己能够改变世界的人才能真正改变世界"(乔布斯)。

企业家从多种视角看问题,善于将技术、艺术与商业紧密联系在一起,专注于艺术、科学与技术的交汇点(爱迪生),"从最差的商店中找值得学习的地方"(沃尔顿),"从不拘泥于原有的产品的概念与定义,而是跨界创新"(沃尔顿),"留下的时尚美丽,记录世界历史精彩瞬间"(伊士曼)。

企业家身上有一种很难描述的特质,除了天生的个性,家庭和生活方式塑造的人格差异外,所处的时代、所经历的坎坷、所面对的挑战与压力使他们有时以装疯卖傻的方式屏蔽外界的干扰,以扭曲的力场应对肩负的重担,以偏执顶住各方的压力。企业家未必都是完美的,正如某些杰出的艺术家,其作品超出世俗的眼光与品位,未必被当时的人理解,其人格也未必是至善的,但正是这种有缺陷的心理/人格、独特的视角和思想,才造就了艺术瑰宝。

示例 8-7　企业家的个性与共性

伟大的企业家总有强烈的个性,他们的性格有太大的差别。沃尔玛的创立者——山姆·沃尔顿是传统的保守派,他总生活在过去,他的经营原则是薄利多销、天天低价(EDLP),满足了 20 世纪 80 年代人们对超值实惠的追求,依靠批量规模控制供应商是沃尔玛崛起的秘籍之一,从最差的竞争商店中找到值得学习的地方代表了他向前看的经营哲学,不愿写传记反映了他为人低调。与其相反,乔布斯是个反正统文化的代表,他喜欢让人写传记,关注的是精英,做最伟大精致的产品,以技艺之道控制供应商,俯视竞争者,不做消费者调查,创造消费者都不知道的需求,崇尚简约但极端完美,即使所穿的高领棉套头衫也是著名前卫设计师三宅一生的作品。

然而,不管两人在生活态度和经营理念上有多大不同,创新领先是共同的。

他们都在自己代表的时代颠覆了商业模式,沃尔顿应用 IT 技术使天天低价成为可能,而乔布斯完成了移动互联网下的产品革命。乔布斯住院时危在旦夕,仍对所使用的氧气面罩的设计大加挑剔;沃尔顿虽病入膏肓,在医院里却仍像顽童般随心所欲。

8.3.2　企业家与企业家社会责任

资本家与企业家的区别是：前者是资本拥有者，后者不一定是；前者关注的是所拥有的资本的增值，后者关心的是创新的价值实现。

资本家也有善者，为社会增加福利；也有慈善家，将所赚钱财的一部分或大部分捐赠给社会的弱势群体和贫穷人群。

企业家也有恶行，有时用尽计谋打击竞争者，费劲心思攫取资源，偷取商业情报。

然而，本质上，企业家的商业动机更纯，某些企业家的恶行只是"返祖"现象。企业家靠创新创造价值，创造就业，获得自身和社会的发展，而不是靠掠夺性的竞争。企业家是通过做好事将事业做好（do well by doing good），这是企业社会责任的本质，不同于慈善，不同于将赚的钱（不管如何赚的）施舍给人（不管为了什么目的）。

从伊士曼到比尔·盖茨、扎克伯格等企业家的巨额捐赠行为和慈善之举，对应于他们本身的节俭、低调和收敛，已成为一种企业家群体现象和文化。

Facebook 的创始人之一、前首席技术官莫斯科维茨成为巨富之后，没有停下创业的脚步。2008 年，他离开 Facebook，另立门户。他把工作看作一种服务，一种为人类奉献爱心的行为。他并没有改变自己的生活方式，每天骑车上下班，出差不坐头等舱，和职员在一个大房间里办公，喜欢休闲，与普通职员别无二致。但是，他善待员工，提供优厚福利，请高级厨师为员工做饭，还创立了慈善机构，防治疟疾、促进教育和消除贫困，并承诺余生会将一半个人财富用于慈善事业。

第 8 章 企业家成长环境和企业家文化   173

区别于西方工业革命初期资本新贵的贪婪和当前一些"土豪"挥霍奢侈的行动,新一代企业家精神包含着新企业家文化。

示例 8-8　"土豪"求偶与"脸谱"老板简婚

中国农业文明后期商业的发展不乏优秀的文化价值,比如徽商崇尚克俭、积善、信用、忍让。然而,囿于历史局限性和封建的根蒂,很多人发财致富后少有西方人的野心,没有进一步扩展资本,或小富即安,或以财谋官索权,光宗耀祖。

中国市场化后,一部分新贵飞扬跋扈。据《羊城晚报》报道,广州某一新贵撒大钱选老婆,从 2800 报名者中海选了 320 名,再以"非常五加一"标准筛选:形象身材、心理性格、面相、文化才艺、情感戒律加纯洁之身。

"脸谱"的创始人扎克伯格,身价几百亿美元,西式婚礼只有百人,红宝石戒指自己设计,准新娘只有一个。然而,他做起慈善来却毫不吝啬。在女儿出生之际,他承诺捐出 450 亿美元,成立"陈·扎克伯格创新"基金,作为送给女儿的礼物。这就是社会价值和文化环境的区别,也是企业家整体的差距。

8.4　营造中国创新环境和企业家文化

8.4.1　创新的市场体制和环境

中国的企业家精神缺失与所处社会经济发展阶段和历史大环境有关,市场经济尚在发展初期,资本要素不独立,市场自由度不够。

具体而言,个体资本少了点远见,国家资本有点腐败,民众小富即安,传统文化讲求中庸调和,应试教育扼杀创新,评价标准埋没人才,体制改革稍显滞后,契约精神匮乏缺失。

这并非对中国创业缺乏信心,恰恰相反,这证明只要有变革,中国企业家成长有很大的空间。

中国的市场体制还不完善,经济体系尚有缺陷,这是当前改革的重点和焦点。新建企业应取消注册资本的门槛,给予创业更大市场空间,减少创业的障碍,而人口户籍制不利于智力人才的流通和集结。同时,改革土地制度必须排除土地的占有和使用的理论障碍。应最大限度地减少行政审批,减少创业费用,减轻资源整合中的交易成本和流通费用,精简流程和过程,减少人为的创业风险,减少投资者资本投入和退出的门槛和成本,减轻创业初期的税赋承担,减免创业者的个人税收,增加员工个人收入,减轻企业社会负担。应透明地公布"负面清单",不在所限范围的都可以做;或"正面清单",明确政策方向。应彻底消除"证明你妈是你妈"之类的怪现象及其背后庸政、懒政和以权谋利或寻租现象。

政府应通过购买公共产品的方式,构建众创空间,提供创业教育、职业培训,提供创业资讯、产权交易平台与创新基础设施和条件,建设"产业公地",帮助创业者第一次启动和完成"最后一里路",走出创业困境,孵化、培育一大批创新型小微企业,从中发现培养引领未来经济发展的骨干企业,形成新的产业业态和增长点。不应把小微企业创业者看成配角和经济的补充,而应将其作为国家经济和社会发展的主流和中坚力量。

8.4.2 创新文化的培育

要营造全社会的创新创业氛围,弘扬创新精神和鼓励创新行为,聚集正能量,形成主流价值观。

要宽容失败、保护成功者,给创业者更多的思想和活动空间,不仅是给其物理空间和资财支持,还应舒缓其精神的压力和空间的拥挤,扭转农业文明和工业文明初期"胜者为王,败者为寇"的文化。

要改革应试教育,从小开始培育创新智慧与能力。教育部门应强制性地约束应试型教学内容与活动,对于大学,更应该解除传统与习惯的枷锁,摆脱高等院校师生各方的功利主义影响。

最后,要改革教学方法。例如,上海国际时尚创意学院(SCF)采取理论与实践并重的项目教学模式,使用工作室格局的教室,提供大量的供学生进行国际交流和发展思想的空间和场合。

8.4.3 创业文化的传承——"富二代"的创业

中国在20世纪80年代初和90年代初两波改革开放浪潮中涌现出一大批企业家和创业先驱者,他们历经坎坷,事业有成,也面临着事业持续和接班的问题。

中国的传统文化之下,家族传承仍是主要选项之一,"富二代"仍是企业家的新生力量。

"富二代"在当下中国几乎成了贬义词,由于父辈对后代的过分溺爱,一些新贵文化和暴发户表现肤浅,部分"富二代"张扬、"坑爹"、啃老、养尊处优、专横跋扈。然而,大部分"富二代"承继父辈的企业家基

因,具备创业的优势:

他们耳闻目染前辈的创业艰辛,甚至参与了立业经营的打拼,有思想准备和心理承受力(虽然有部分人会被吓退);

他们从家族的创业过程中接受历练,从企业经验和教训中学习成长,有实际操作能力,有创业知识和方法,有思想,有谋略;

他们年轻,对新知识和新领域有领悟力,这使其未必甘于继承现成的事业,而希望开辟新天地。

更重要的是,前辈的实物资本、人力与社会资本的积累,使他们比其他人拥有更优越的创业条件和基础。

因此,应关注"富二代"创业力量,培育、传承企业家精神和创业能力,更开放平等地帮助"富二代"创业,而不是歧视和设置障碍,同时有针对性地帮助传统项目和新创业项目,不仅能保证企业家经济延续发展,更利于企业家精神的升华与扩大。

对于老一辈的企业家,除了对儿女辈的言传身教,创造条件,从财力、物力方面支持其传承事业外,更应该给他们更宽阔的空间,宽容他们"出格"的想法,鼓励他们创新、超越。

示例8-9 袜子的新织法

在大唐镇,制袜业转型升级的需求及政府给出的优惠政策,使越来越多的年轻人回乡创业或子承父业,父辈们被迅速赶超的故事不断上演。

大唐镇迅速成长起来的年青一代开始站上舞台,给他们粗暴地贴上

"富二代"标签并不厚道,因为这些年轻人不仅敏锐地利用当地的产业集群优势,还大胆尝试用互联网思维和方式经营,更像是创业的"富一代"。

陈嘉楠是土生土长的大唐人,大学念的是市场营销。他说自己从小对摆在家里的袜机没兴趣。从独自一人包揽所有工作到如今的30多人团队,短短两年时间,陈嘉楠的楠森贸易有限公司的年销售额已经突破了千万元,毛利率达25%。

陈仁勇今年33岁,虽然不是本地人,却是在大唐成长起来的年轻创业者。作为浙江和茂盛袜业有限公司的董事长,热爱篮球的他专注于生产运动功能袜。他新成立的公司主要为当地的制袜企业提供设计、品牌传播等"智"造升级的动力,虽然2015年的总产值只有3000多万元,同比有所减少,但利润率却比之前多了5倍,人工数量减少了50%。

32岁的杨昂统也在2015年8月份启动了自己的电商平台。与一般的淘宝店和微商不同,他打造的是一个叫"龙卷风网仓"的B2B(企业对企业)平台。截至2015年10月17日,仅两个多月的时间内,该平台已实现交易量达3000多万元,预计整年的交易量将达2.5亿元。

15年前,蔡如东就在大唐创建了浙江东方缘针织有限公司,如今企业的年产值已达2亿元。蔡如东在女性丝袜领域开发了"健康纤体功能袜"的概念,并从意大利进口电脑袜机,改善了工艺流程,研发、生产和品质管理团队的10名女性员工成为反复体验新产品并给出改良意见的"吹毛求疵者"。

在日前举行的大唐镇第十二届中国国际袜业博览会上,42岁的顾伯生所研发的横袜机最引人注目。这是大唐镇企业自己研发的最新技术。

顾伯生是大唐镇出了名的发明家,这些机器都已经过精巧改良,可生产出当代品质一流的高端袜子,到时候镇里15%的生产就将依靠"大唐技术"提升效率。

——摘自《第一财经日报》2015年10月19日

企业家和
创新创业精神

第 9 章

创新训练:磨砺心智

第 9 章　创新训练：磨砺心智

> 如果管理者独裁专断，规定员工必须听命行事，不得显露个人风格，便犯下了更大的错误。
>
> 我们公司要持续发展，绝不能缺少有创造力的人才，因此最佳的管理乃是能让员工发挥个性、创造力的无为而治。
>
> ——李维士·李尔（3M 公司前总裁）

创新是人类的一种特质，但并不是所有人都能在一生中有所创新。创新是个人的一种潜质，但不是所有的人都能发掘这种潜质，能将潜质发挥到极致的人更少。创新能力不是与生俱来的，"10% 是天生的，90% 是通过后天学习培养的"（富兰克林）。创新智慧需要在坚岩硬石中磨砺，创新能力需要在实践中锻炼。

9.1　创新的原点

人类创新源于兴趣和对好奇的探索精神，始终对生活、生命和客观世界保持的好奇心，始终对新生事物和新奇现象保有的兴趣，以及对事物未来发展结果和产生这些现象或结果的原因的追究。

人类创新的原点是对现实的改变愿望,不必给这种愿望戴上"高大上"的帽子。硅谷形成的起因是斯坦福大学财务紧张,不得不向大公司出售土地;路由器的发明是由于斯坦福大学的网络管理员勒娜要向500米外的博塞克传递情书;粘胶纤维的发明是因为造纸行业遇到了危机;马云"触网"之初也是在讨生活。

人类创新思想的源头是对现实的批判和质疑精神,不断地对普通人认为是完美的事物挑刺,不断地对大家习以为常的事情提出批评,不断地否定主流的甚至被奉为圣灵神明的事物和思想,包括否定自我。这些创新的先驱者是企业家,区别于"愤青"和犬儒主义,后者只是抱怨自己生不逢时,继而愤世嫉俗、颓废沉沦、造反、骂街、挑刺、破坏,给不出建设性的意见,也没有建设目标。企业家则将世界的黑暗、事物的不完美以及生命的缺陷当作人生的礼物、创新的契机,并不懈追求完善。企业家的颠覆是为了建构,企业家的破坏是因为有一个美好的建设目标。

人类的创新动力在于追求,以有限的生命追求人生和事物的完美。

因此,每个被称为"人"的人都应有创新的动力,才有创新,实践才能有所成就,这与人的阅历、财富、地位、权利无关。甚至人的阅历越浅,资格越低,财富权利越小,能力越有限,则创新的束缚、担忧和包袱越小,越可能创新。

但是,创新一定要有条件,除了天生的才能外,一定要勤加训练。

示例9-1 大学该为大学生创业做些什么?

智联招聘《2015年应届毕业生就业力调研报告》显示,2013届、2014届大学毕业生自主创业的比例分别为2.3%、2.9%,而2015届大学毕业生选择创业的比例"猛"地达到了6.3%,比2014年翻了一番。据第三方调查机构麦可思研究院撰写的《2015年中国大学生就业报告》,2011届大学毕业生毕业时创业的人群中,3年后仍坚持创业的比例为47.5%,这也意味着有52.5%的创业者没有熬过3年。

大学毕业生选择创业的比例提升,这可以视为国家政策激励的结果。可是,一半以上的大学毕业创业者坚持不到3年,这提醒政府部门,鼓励大学毕业生创业必须理性。

大学毕业生选择创业的比例低、创业成功率低,这并不是新闻。中国早在10前就鼓励大学生创业了,可是政府部门和高校常年抓创业激励,却只激发出学生的创业梦想,而没有激励出成功的创业实践。中国大学毕业生创业的比例一直处在1%—2%,创业成功率更低。问题恰恰在于,抓大学生创业,只重视激励,却忽视根基。

不容否认,在国家政策的激励下,会有更多的学生抛弃传统的就业选择,投身创业。但是,中国要形成美国大学毕业生20%选择创业且创业成功率较高的局面,必须从根本上对大学办学和教育进行改革。

首先,必须给学校充分的办学自主权,让学校结合本校的办学定位,自主开设学科、专业、课程,培养具有本校特色的学生。

其次,大学在办学过程中,应把选择权交给学生,允许学生自主选择课程、师资、学习时间。

最后,对于大学毕业生创业的评价,不能因为他们在高新技术领域创业就赞扬,而在传统行业创业就冷嘲热讽,在任何行业领域都需要创业者。

——摘自《第一财经日报》2015年7月23日

9.2 创新思辨训练

头脑风暴法（brain storm）

头脑风暴法是在创意的第一阶段互相启发、联想、引导产生新意的常用方法。头脑风暴法的关键是有主题，但不限定界限，不给出对与错、好与坏、准确与偏颇的结论、答案和评判，也不强调技术上的可操作性和经济上的可行性（这是后面的事情），鼓励奇思妙想。这些奇怪或新颖的主意或许绝大多数是不可行的，或暂时技术没达到，或无法实现，但却可能引出一两个（足够了）点子，凝聚出思路，或可以采用，或有启发，或是有实现可能的创意，或可以将这些创意整合归纳，引申出更现实的方案。

头脑风暴法的关键是"让思想飞起来，让风刮起来"。刚开始是有人煽一点风，经过互相启发，有更多人煽风，通过互相激发，使风的能量进一步增大，从而掀起思想的波澜，刮走遮住视界的雾霾，吹走思想的尘埃，扫除思维的羁绊。

头脑风暴法不仅训练个人的创新思维和能力，也培养团队的创新精神和氛围。一个相互挤兑、抬杠、明争暗斗或文过饰非，把功劳归于自己，把责任推给他人，或等级森严、惧上欺下的组织是无法进行头脑风暴的。

头脑风暴不仅是一种训练，也是一种行之有效的创新实践。

头脑风暴对于中国学生是特别有益的训练与实践，因为接受应试教育的学生习惯于按常规思路给出唯一正确的标准答案，习惯于尊卑顺序,所谓的"差生"往往不愿发言或不在"优生"之前表达意见。这对于创新是非常有害的,往往扼杀了创意和创意天才(天才可能就是"差生")。

示例9-2 | 创新思维训练

头脑风暴练习之一

在有大风雨时,伞会被风刮得翻反过来,有什么办法可以解决这个问题?

头脑风暴练习之二

防尘防雾霾口罩既要挡住微小尘埃颗粒,又要能使人呼吸顺畅,有何办法?采用什么技术?如何设计?选用什么材料?

发散思维练习之一

在10分钟内说出空玻璃啤酒瓶的30种用途(除了装啤酒外)。

发散思维练习之二

在10分钟内说出回形针的30种用途(除了夹文件外)。

发散思维法

企业家欲"不走寻常路",首先需要知道其生存的空间有多大,目标有什么,达到的路径有多少条,路径的结构是怎样的。

发散思维法只是一种思维扩展的创新训练方法,没有主题,不一定设定目标,也无须给出范围。发散性思维就是通过天马行空、胡思乱想、不切实际、无边无际地扩大思想领域,激活沉淀的思想。它通过有趣的、可笑的甚至看上去是不着边际的思想和表现,让脑细胞活动起来,让思维的触须探索被遗忘的空间领域。

对于从小生活在狭隘的空间中,循规蹈矩,按师长指令思想和行动的学生而言,所有的行为准则都在课本中,或受家庭的训导,其发散性思维能力较差,在实践中一旦碰到没有现成答案和常规路径的情况,就会无所适从,不知所措。

衍生法

进行发散思维训练的另一个有目标的实践是,将现有的产品的应用予以扩展,如衣服和包袋上常用的尼龙搭扣的应用扩展。

可以设想这种能以圈、钩两块织物将物件黏在一起,并可以被拉开的部件还有什么用处,还可以开发什么产品和应用领域。

在10分钟内说出20种别样用途,然后从中选出最有市场潜力和商业价值的创意,进一步在技术上加以完善,并找出创新和商业化路径。

联想法

阻碍人们创新的一个主要原因是,人们会认为事物应该是这样的,事情应该是这样发展的。

比如,蛋壳是鸟或爬行动物的胚胎生命的保护壳,由此可联想到蛋壳是一种包装,这是造物主一个极其巧妙的设计:光滑的外壳可以无阻碍地从产道生出,用最少的材质包含最大的容量,有一定的强度,一般挤压的情况下,不易碎,而雏鸟经孵化后可以破壳而出。蛋壳虽是封闭的,但可以通过蛋膜与外界联系。

进一步联想,如果将蛋壳作为包装,还可人为地作何改进——自然鸟类本身是无法做到的。比如,透明装能够看到里面是什么,可以重复打开、合上(鸟蛋是不可能的),有凹槽使其不滚动,有座可以竖起来,可以装上电源发声、发光,表面有条码或者二维码可以扫一扫。

事实上,这些设想已经在包装中加以应用了。早在20世纪50—60年代,市场上的护手霜就装在天然的蛤蜊壳里,既节约了成本,又是天然的。

示例9-3 创新思维训练

创新训练之一

从生物界中找一些拟生态法则以改进商品包装,进行拟生态的创意。

创新训练之二

废弃的农作物秸秆常被农民焚烧,造成严重污染。

问题:对这些秸秆可作何处理?

创新训练之三

户外活动中使身体保暖(或加热)可采取哪些方法?

创新训练之四

将上述设想变为商业化产品,要作哪些技术改进?

挑刺法

这是指对一个有缺点的或被认为完美的事物(产品)进行挑刺、批评,找出其缺点,提出缺失或可以简化的功能,除了性能、质量外,还有外观设计的不足等。

创新路径探索训练

为了实现最终目标,可以采用不同手段,沿着变化的方向,走不同的路径。

比如,纺织品和服装的纹样表达,习惯上会想到印花染色,实际上可以染、印、绣、涂等,这是做加法;其中用到割、烂、灼刻等,这是做减法。同时,也可以用原料的本色纹理,不加也不减,或通过编织、镶嵌将原料颜色混合。这些,纹样的效果是固定静态的。此外,还可以采用一些技术方法使纹理变化、活动起来,如变色等。

同样是发光展示,可以用化学的、生物的或物理的方法,随着新产业革命的发展,存在太多的可能、空间和路径。

9.3 创新和创意之源

创新和创意之源不只是成功的产品,不只是成熟的经验,也不只是已有的规则、流程和方法。恰恰相反,创新和创意,特别是颠覆性的创新和创意,来自于反常规、反传统、反逻辑或违背常识、超越经验的事件,来自于矛盾、冲突、困境和失败,来自于非主流(边缘)、非专业(交叉专业),来自于失败和痛苦的挫折。

9.3.1 创新和创意之源一——意外偶拾

意外的失败

许多创意是因失败而意外获得。例如,青霉素的发现是因为细菌培养时培养皿受到污染而抑制了细菌的生存,这是一次失败的实验,却发现青霉素有抗菌的作用。

意外的成功

1928年,杜邦公司尼龙纤维的发现纯属意外的成功。研究助理 Wallace H. Carothers 在做新化合物实验时发现反应釜里的物体是纤维状的,由此合成纤维,开创了一个新时代。在此十年前,德国人在寻找聚合物的时候已经得到了尼龙,却因为不是预想的结果而放弃了。

意外的事件

一些意外的事件常常会影响人们的行为,激发出新的需求。2003年的"非典"让一些埋首于致富发财的中国人体悟到生命健康比钱更重要,人类在大自然中是那么渺小和无助,甚至在微小的生物病毒面前都无能为力。后来的H1N1型禽流感也让人们惊吓不小,口罩的销售剧增。此时,时尚口罩出现,表现出大部分人的生命态度和精神需求,以调侃、自嘲、搞怪、幽默宣泄、缓解紧张情绪。这股时尚潮甚至一直延续到疫情结束后。随着雾霾的加剧和人们对PM2.5的关注,口罩的功用又发生了变化,时尚化加高科技。医学口罩防病毒病菌,而防PM2.5则是防微小固体颗粒物,又需保持呼吸通畅,于是新材料、新结构、易清洁、带有单向通风阀的设计应运而生。

除了这些大事件,偶然事件也会促发创意发明。比如,手不小心被房门或橱门轧伤,催生了一些保护装置。

9.3.2 创新和创意之源二——矛盾和不协调

产业的困局

工业化造纸是将木材用机械方式分析制成木质纤维浆粕,随机排列的薄层干燥后为纸。20世纪初,造纸工业因面临市场萧条而陷入困境,

企业家和创新创业精神

木浆粕大量积压,激发业内人士寻找到将浆粕运用化学方法纺纱,促成了纺织纤维里程碑式的革命。之后因为普通黏胶生产工艺的污染和产品性能问题,促使人们不断进行工艺改革与创新,才有了莫代尔和天丝等新品种研发。随着棉短绒、木材等原料价格的上升,促使人们寻找更便宜、更丰富的原料来源,因而有了竹纤维。

产业与市场的两难

汽车产业的量产化规模效应与市场需求的个性化和短交期,促生了丰田制的精益生产革命;时尚化市场、平价化需求和时尚产业的成本趋高,促生了柔性化生产线(UPS)、快时尚商业模式、大规模定制和大规模个制,商业模式不断创新。

矛盾与悖反

时尚市场中,新的产品越流行,销售就越好。但是,产品销售得越好,其时尚度就会相应下降,不被认为是流行产品,销量接着就会掉下来,这似乎无解。

于是,时尚界对延长产品生命周期的做法反其道而行之,故意让基本款"陈旧化",快速摒弃,不断更新,加快节奏,并塑造"时尚传导者"形象。

时尚企业的季节更替越多,季节更替费用越高,季节剩货越多。快时尚模式进一步缩短了新品周期,模糊了季节更替概念,使上季货品与下季接替货品可以衔接、混搭。可以说,淡化季节解决了季节更替的难题。

与快时尚模式不同,应对个性化、流行多样化的时尚需求,专卖店对每季的流行色、流行款高度凝练,尽量使用集中的色系、简洁的陈列、特征明显的款型,以"少、精、简"面对"多、杂、大"的市场。可以说,最多的利润来自于最小的组合,最丰富饱满的产品形象来自于最简洁单纯的视觉冲击。

9.3.3 创新和创意之源三——另辟蹊径和流程再造

流程再造是对现有流程的颠覆,而条件是对传统流程合理性的质疑。

草坪种植与移植通常是在撒籽培育后,连根土成块移植在新的草坪上。这种方式的移植成本高,影响培育土地肥力,移植过程中对草根有伤害。

新的移植草坪培育方式是利用废弃农业秸秆制成地毯式培养基,在其上播撒草籽,养成后按需要成卷移植到草坪上。这种方式可大量减少移植成本,培养基可降解,可实现工业化生产,不需或只需少量土地,成活率高,也可解决农业废弃秸秆的处理问题。

9.3.4 创新和创意之源四——概念的转换

这是对事物本来的概念的改变。

尿不湿最初是为婴幼儿设计的,而现在随着老龄化的加剧,更有潜力的市场是失能的老年人和成人病人。这个人群很大,而且使用年限长、用量大。面对与婴幼儿不同的市场、产品概念、用户体验、性能、功能、材料,技术和设计都不一样,这就需要创新。

产品的价值是什么?

从苹果的个人电脑 Macintosh 到平板电脑 iPad,是从工具到服务提

企业家和创新创业精神

供的转变,iPad 的价值已不是计算与数据处理等工具的效用,而是获得端对端的服务(end to end service)和内部产品(音视频、图像、新闻、社交、信息等)。同样,智能手机 iPhone 的价值不是打电话,而是成为与 iPad 同样的"数字中枢"。

杯子是半满的和杯子是半空的从客观存在看是同样的状态,而从主观认知和思辨看又是不一样的。当然,这也与什么样的杯子、装什么样的液体有关。同样,穷人吃半饱(半饿)和富人吃半饱(节食)更是截然不同的概念和价值取向,他们需要不同的食品和用餐流程。

我们也可以从不同的角度看同一产品的概念,比如杯子,从功能上看是存水喝茶的容器,也可能用作泡茶。对老茶客,杯子会影响茶的色、香、味。杯子也用作喝咖啡,玻璃杯还用作喝酒,不同的酒用不同的杯子。此外,杯子不仅用作存液体。

杯子还是人类交往的一种载体,体现了礼、道等精神,要有艺术感,而奖杯则是完全去功能化的标志物。

杯子还可能是一种科技上的仪器或工具:加热、反应、量度,需要科技含量,要不碎、抗高温、耐腐蚀、刻度精准等。

从科技、艺术、生活、社会、文化等不同的视角,可以改变原有的产品概念,可以创造出新产品的概念,比如可以煮茶的烧杯、可以显示温度的保温杯或奶杯等。

示例 9-4　创新思维训练

创新训练之五

在 10 分钟内说出你所知道的不同的杯子类型。

创新训练之六

这些杯子可以运用哪些新科技发展成果(新材料、智能、纳米、音频特性等)？

创新训练之七

从艺术、营销、人体工程学、感知心理角度(颜色、触觉等)讲，杯子可以有哪些创意？

创新训练之八

一种新概念杯子从创意到市场,利益相关者有哪些？如何使他们的价值取向相向而行？

9.3.5　创新和创意之源五——解构和重构

在工业文明阶段,产业和市场的价值关系是典型的线性关系或链式关系:原料—半成品—制成品,或供应商—制造商—销售商—最终客户。在移动互联网时代,产业和市场的关系要复杂得多,带来更广阔的创新空间。

原来的竞争法则不再适用,也必须创新。如各种社交网站,它们的主要服务对象在网站获得服务,然而这些对象并不付钱。那么,社交网站的利润从哪里来？所提供的服务价值如何转化为网站的收益？这就是所谓的"羊毛出在猪身上"的移动互联网思维,而且"羊毛"可以出在不止一只"猪"身上,导致产生价值倍增现象。

因此,需要打破原有的线性或者链式的概念,重构价值关系。应试着分析有关产业,列出所有的价值相关者以及价值网络关系(现有的和可能的），用图画出这些关系，重新设定企业在这个价值网络中的地位和角色，以及为了最好地扮演这个角色，明确战略重点和策略方案有哪些。

这是一个较为复杂的训练，因为不仅需要发散性想象，还需要结构性思维，不仅要解析结构，更要重组创建结构。越小的基因可构成的生命越高级，越简单的元素组成的事物形态越复杂。

交叉运用不同的科学领域的理论，可以产生新的理论；交叉运用不同的技术方法，可以产生新的技术方法；交叉运用不同的研发思维和解决路线，可以开拓新的思路和路径。将上述理论、方法、思路和路径组合在一起，可以创造出新技术、新工艺、新产品、新应用和新市场。

企业家和
创新创业精神

第 10 章

企业家精神与能力：
创业计划与实践

> 有两类战略策划者:一类是分析思考者,致力于将秩序引入组织之中;另一类要非传统化一些,是一个寻求开放战略制定过程的有创造力的思考者。作为一个"柔性分析家",后一类策划者通常指更快、更不择手段的研究,喜欢在奇怪的地方发现战略,并鼓励其他人进行战略思考。
>
> ——亨利·明茨伯格:《战略规划的兴衰》

企业家在创新创意阶段,需要天马行空的想象力,需要反常规、反逻辑的思辨能力。将这些创新付诸实践,则需要脚踏实地。德鲁克认为,知识的创新基于对所有因素组织的分析,需要实现创新的技术经济的可行性研究,制定实施流程与路径,控制和修正方案并作出规划。

企业家对于创业要有冒险与探索精神、决断和预判能力,要有不怕失败、敢于担当的勇气和心理准备。但是,冒险与探索不等于盲目地碰运气,既要不怕失败,敢于担当,更应避免错误。德鲁克强调,基于知识的创新要有清晰的战略定位,要趋利避害,缜密计划,创新管理。

创业计划至少有两大作用:首先,企业家本身通过项目的评估、规划,使目标路径更明确,对未来风险与可行性及其后果得以预见,并作出

企业家和创新创业精神

预案,使团队意志统一、行动协调,形成合力,使项目得以落实。其次,给风投和项目利益相关方充分的信息,说服投资方,吸引投资者和合作者,吸收创业资本和要素。无论哪个功能,创业计划都应该简明、可信、可行、生动、具体、专业、创新。

好的创业计划书有四个标准:项目本身新颖可行,思路逻辑清晰,策略精湛巧妙,表述简练有趣。

示例10-1　创业计划书的价值

在中关村的创业孵化空间里,创业计划书的平均估值在上升,甚至高于美国斯坦福的创业空间的创业计划书。即好的创业计划书越来越受风投青睐,而平均获得融资的密度水涨船高。

这种情况缘于几种可能:首先,中国创业投资市场上不差钱,风险投资看好这片创业热土;其次,青年创业者的水平在提高,提出的创新项目和创业方案在质量、内涵、发展潜力方面都为创业资本所认可;最后,总体而言,中国创业市场还是缺少好项目,好项目供不应求,不能满足资本的渴望。

10.1　创新型创业项目的特点和基本要素

创新型创业项目区别于一般的、常规的、现有模式的商业项目。创新创业强调基于技术和产品创新的创业,即将创新成果,特别是一些可能颠覆或改变产业现状、竞争秩序和市场格局的技术创新,转变为新价值、新产业、新市场。这个转变本身可能是颠覆性的,需要强调商业模式的创新,包括商务模式、生产模式、营销模式和运营模式等。

普通的创业项目是常规的投资行为,以现有的赢利模式赚取平均期望利润,能增加经济产出和就业岗位。但是,随着新的投资者不断进入,边际效益递减。

创新型创业项目是以新产品和新技术创造新一类的事业:新的业态、新的应用、新的市场、新的产业,使市场和产业产生质变,产生倍增效应,使就业倍增,使要素边际效益递增。

因此,构成创新型创业项目有三个要点:第一,独特的创意,有重大改进的创新,包括技术和商业模式的创新;第二,有潜力的市场规模和高增长,这使企业家有动力创业,使投资者有利可图,使风险基金有兴趣注资,可在短时间内获得预期回报,并能在较短投资周期里将资本转向下一轮更新项目的投资;第三,以企业家为首的优秀的团队和组织体系,充满创新创业激情,具备专业的知识和实际的管理能力,能充分发挥各方优势。

典型的创新创业项目应强调科技创新,创新技术、产品、应用领域和市场;应强调商业模式和营销战略的创新,颠覆产业景框、市场地位和格局、价值差异;应强调已有相关经验和前期探索性实践,具有可操作的方案。

卡斯滕·拉纳(Garsten Rauer)认为,创新型创业项目包括六个要件:有创意的产品和服务,合适的、有新意的赢利模式,精准的、理性的市场分析,精巧和可操作的营销策略,精确的融资计划和营收策略,最后是健全的企业组织构建与高效专业的核心团队。

示例10-2 创投喜欢投什么？

大多数初创或快速成长的高科技企业偶尔也会投资于市场前景广阔的传统行业、具有新的商业模式的零售业或某些特殊的消费品行业。

私募股权基金交易金额按投资行业分类(10亿美元)：

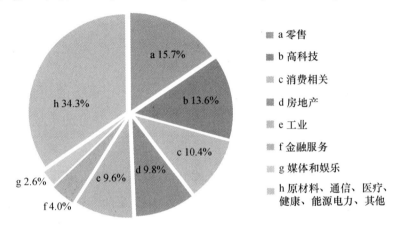

10.2 创业计划的内容和结构

创业计划的内容包括以下部分：项目概述——项目的技术与经济可行性分析——市场规模与增长分析——顾客价值与项目优势分析——公司商业模式定位——赢利模式与营销策略——运营方式/模式——销售与收益预计——投资与融资计划——风险与灵敏度分析——公司组织和团队。

计划书的结构对不同的创业项目或有侧重，但是结构基本相同。

执行总结

即计划书的概要，用一到两页的篇幅，将本创业项目的背景、项目内容、商业模式、创业目标、项目前景等作概括性的陈述。执行总结后是计划书的正文。

创业产品(或服务)介绍

产品(或服务)的定义、品质、性能、优点或优势、创新性、主要应用领域、价值、今后的前景、面对的顾客或消费者、技术的简要分析。

公司愿景与宗旨

公司愿景既要有想象力,反映发展空间,又应切合实际,与公司的资源、项目的特点相配。公司宗旨应反映项目的价值和市场导向,有特色且具象,不能空泛和千篇一律。

商业模式/赢利模式

即产品(或服务)的公司商业业态,根据创新产品(或服务)的特点,创新设计商业模式/赢利模式。

行业分析和竞争分析

若是传统行业,那么应明确产品的定位、公司在行业中的竞争优势和角色;若是新行业,则需要全新定义行业,确定公司在行业中的地位和角色。

市场分析

总体市场和细分市场的特征,潜在规模,市场的可获得性和增长前景,衍生和扩展的市场,市场的分类和结构。

营销策略

目标市场和客户特征,本公司和本产品的定位,相应的4P策略(即产品、价格、渠道和促销),不必面面俱到,营销策略要抓住核心策略,强调营销策略模式的创新。

企业家和创新创业精神

投资分析

公司的资本结构、融资规模、融资方式、项目的技术经济分析、投资报酬率分析、风险投资的进入和退出方式。

财务分析

根据市场规模与增长、价格策略、价格需求弹性以及运营投入与费用,预估3—5年的销售、利润,并进行灵敏度分析。

公司组织与团队

创业企业应根据法规和公司治理要求,构建规范而又有创新活力的公司结构,相应地有一批包含工程技术、市场营销、法律等专业的人才,基础扎实、执行高效、思维敏捷、富有创造力、勇于探索、自信决断,既有想象力,又务实肯干。

示例10-3 买一送一?

某学生团队以"医用可吸收手术缝合线"的技术和产品创业,在创业计划书中的营销策略部分指出该产品性能优越,成本优势明显,并以买一送一的优惠价格促销推广。

显然,这是个创业营销中幼稚的笑话:买一送一是给病患者吗?这又不是面包饮料,多给一根缝合线有何用?再缝上一道?如果给医院,那么多得一根缝合线,谁能获利?获利者是购买决策者吗?

另一个学生团队类同的例子针对的是人体内支架植入器,创业的价格策略是低价策略,薄利多销。这同样可笑。对于这种人命关天的手术器械,病患者和家属为了安全,大多在心理上对价格并不敏感;医院和手术医生为了避免担责和手术风险,一般都会选择最有名的公司和最贵的产品,尽管最贵的不一定是最好的。

从创新到创业,从计划到实践,从课堂到市场,从书本到产品,从理想到价值,尚有差距。我们不必讥笑年轻人的幼稚。这两个学生团队的成员都已成为杰出人才,他们经历过失败,失去的是幼稚,保留的是创业激情。

10.3 创业计划的评判与自我诊断

无论从模拟操练还是市场实践的角度看,创业计划反映了创业项目的潜力与创业者及团队的思路、能力和水平,是创新实践的前提和基础。

无论从创业项目的评审者(风险投资者和合伙资本)还是创业团队自身的角度看,一份好的创业计划应该符合两大标准:创新性(技术产品本身的创新性与商业和赢利模式的创新性)与实践性(项目本身的实用性、技术经济的可行性、市场化的可操作性、商业化的可实现性和创业过程的通过性)。

因此,在最后完成和提交之前,应对创业计划进行自我诊断。

创业计划的一般标准

1) 产品原创性/技术含量

2) 产品/服务赢利模式的创新性

3) 产品的经济收益/市场前景

4) 计划书的完整性/规范性

5) 创业团队的结构

6) 营销/运营的可操作性

企业家和创新创业精神

7）市场分析/财务分析/投资分析的准确性

8）文字表达的正确流畅/计划书的逻辑性

创业计划的优秀标准

1）产品的综合效益/公司的价值理念

2）产品/服务赢利模式/商业模式/创新性/不可模仿性

3）营销模式/策略的针对性/独特性

4）创业团队的创业激情/领导管理素质

5）创业计划的表达形式和吸引力

示例10-4　创业——从创想开始

一台家庭式3D打印机，大小如微波炉，却能打印衣架、茶杯、碗筷等各种日用品，就此抢了超市的生意，其发明者和叫卖者是复旦大学的一支学生创新团队；App终端上的"幻想精灵"手机游戏受玩家热捧，一个月的收入竟然超过百万元，其发明者是华东理工大学的一支学生创业团队……

华东理工大学的一名学生干部谢应波和他的5个小伙伴，用借来的10万元起步，8年后发展成为资产达数亿元的集团公司，年销售额超过4亿元。他们在学校开小店，开始了创业梦，没有母校的创业教育，就没有当年创业的激情和动力。

在华东理工大学，创业教育并非只是课堂上的"纸上谈兵"，创业训练营、创业计划大赛、创业实战赛已成为该校三大创业项目培育品牌。

大学生创新并不一定要盯着高科技，可以做互联网，也可以做纳米材料，可以是时装店主，也可以是包子大王，关键是看有没有新思维、新点子，可不可以超越前人。

——摘自《新民晚报》2015 年 10 月 24 日

创业计划本身的创意

创新型创业常常是在非常态(反常态和新常态)下进行的,因此除了其本身的创新之外,充分表达内涵的创新以吸引行业投资者、合作者和市场的关注,就很有必要。

反映内涵创新的新概念,比如用拓扑结构反映新的产业网络结构和价值关系,用一种通俗易懂、形象化的方式说明一种商业模式(如收费站模式、拉式营销等),应避免一些哗众取宠的概念和文不对题的标签。

简明生动的表达方式

用实物、视频以及其他平面和立体技术将抽象的具象化,将复杂的简单化,让非专业人士看得懂、听得懂,让专业人士读懂其中的含义和奥妙。

有效的分析工具和模型

在进行竞争分析、环境分析和市场分析时,可以利用 SWOT 分析、价值元素表、波士顿矩阵等常用工具,可以尝试使用针对新产业、新市场的新工具。

战略图

将战略定位、战略路线和实施路径用图而不是仅以文字叙述,反映了创业者把握事物内部结构和动态变化趋势,掌握核心问题、事物变化主线以及影响其变化的关键因素的能力。

企业家和创新创业精神

示例10-5 软猬甲创业之路

以创新的产品创业

东华大学纺织学院2014届硕士毕业生马飞飞和他的创业小伙伴们近年来率先在国内研制出新型柔性防砍服、防刺服,并创办了上海圣甲安全防护科技有限公司。

创新的核心技术

在导师王新厚教授的指导下,他们筛选了50多种高分子材料,经过1500多次测试,研制出一种柔性防刺高分子树脂和化纤基本合成材料,做成柔性、轻便、防刺的防爆防恐的安全防护,达到中国公共安全行业的最新标准以及美国防护等级一级。

识别市场与开拓市场

软猬甲虽有广泛的应用前景,但新产品尚未被广泛认知。他们寻找客户,开拓市场,适应需求,更新换代,目前外贸(中东、东南亚)占60%—70%,内销占20%—30%,赢利二年翻一番,三年内达2000万元。

"轻"商业模式

防护材料自制,软猬甲服装外包经销,有防刺服、盾牌、防刺手套等延伸产品系列,主导更新换代。

创业团体和创业训练

四人创业团队分管技术、营销、运营管理等,参加创新创业高级研修班和创业俱乐部。

融资创建公司

他们以市科创基金20万元,自筹20万元,合伙创建圣甲。

10.4 创业计划书的格式和表达技巧

创业计划书不仅要内容充实、信息真实、规划路径坚实,其形式和表达也十分重要,方向和基本内容确定之后,细节决定一切。

格式规范能显示出专业性,表述简明有趣才能吸引合作者及投资方,结构条理清晰能反映创业者逻辑思维的缜密。

表达技巧包括文本的表达技巧和口头陈述宣讲的表达技巧。马云在德国向政界、经济界宣讲"刷脸"就是一个极其成功的创意和推广。

形式

尽量使用专业高效的展示打印报告的技术,如 PowerPoint。应以彩色打印图表,胶圈装订,使之容易打开或阅读。

仪态

职业的着装、整洁的仪表是对他人的尊重,表现自己的品味、专业态度、自信和可靠。

沟通

理性的思辨、感性的表达;重点突出,语言简洁,逻辑清晰;有"三点式"的要点、"三级式"的结构。从信息传递密度和速度而言,图比表好,表比文字好。

极简

应做到简约、简明、简单。与实施规划和执行计划不一样,创业计划就像建筑和时装设计中的创意图和效果图,文字不要太罗嗦,专业术语和理论概念不要太多,颜色不要太杂,只有吸引人,才可能作进一步阐述,若对方不感兴趣,所有的准备都无意义。

有趣

应生动地表达商业模式和战略,如收费站模式,用路线图、结构关系图等。

工具

应用战略分析工具,规划和计划优化技术,如关键路径法(CPM)等。

计划书的格式和规范

1) 封面(包含题目、编号、公司或产品项目名称、创业团队、时间)

2) 扉页(包含公司项目名称、提案提交者)

3) 目录

4) 执行总结

5) 产品或服务简介

6) 公司商业/赢利模式

7) 市场分析(竞争分析/行业分析/战略模式)

8) 营销策略(目标市场、定位、4Ps策略等)

9) 投资分析(投资结构、投资回报分析、灵敏度分析、风险投资进入与退出)

10) 财务分析

11) 公司组织和创业团队

12) 附录(包含专利授权、专利证明、检测报告等)

10.5　创业计划与实例

一个"社会创业"计划（社会创业以社会效益为目的）

"快递驿站"创业计划

Enactus 团队

2013.7

执行总结

由于高校管理的特殊性，社会人员车辆多不能进入校园，因此现今高校未能实现快递上门服务，快递公司多集中于校园周边设置取件点。取件时间短，挑拣费时；快递员等待时间长，单次派件成功率低，降低了服务满意度；摆摊派件的方式也影响了校园环境，造成了安全隐患。

为解决上述问题，Enactus团队在校园内创建"快递驿站"收发点，统一为快递公司提供代理派件、寄件业务，一方面为学生、社区居民解决收寄快件难问题，另一方面满足了高校维护校园秩序和安全的要求，解决了快递在高校的"最后500米"难题，也为大学生提供了勤工俭学与创业实践机会。"快递驿站"的可复制模式将形成高校乃至商业社区服务模式，并可衍生出相关事业。

项目绩效良好，社会效益明显，并有潜在发展空间。

项目背景/公司简介

"快递驿站"项目在观察中发掘用户需求，定位于学校、快递公司之间的桥梁，着力解决快递进入高校的"最后500米"问题，初步探索解决由于社会人员车辆多不能进入校园而导致的快递无法递送进入校内，取件时间有限，挑拣费时；而快递员等待时间长，服务质量差，单次派件成功率低等问题。在我校试点"快递驿站"项目的过程中，团队得到了创业锻炼，从中获得了一定的收益，对于商业运作有了深刻认识，得到了校方的支持，提高了快递公司的效率，获得了快递公司的认可，取得了不俗的绩效。

"快递驿站"目前是非营利机构，作为中介为快递公司提供终端500米代理服务，同时为收件人提供便利。

未来，将这种模式复制，形成规模化商业运作，将产生一定赢利，形成持续成长的内在动力，成为服务对象专门的物流快运终端，并且可利用大流量、大数据扩大衍生服务，接受推广传播业务等。

产品与服务——价值分析：相关利益者的获益

- 快递公司：节省送递工作量及劳动力成本，减小误差率，提高满意度，减小快件复送率。
- 收件人：节省收件时间，减少收件对工作学习的干扰，便利、灵活，减少快件的损失、损坏。
- 学校：安全，便于管理；保持整洁的校园环境；为学生提供创业、实践机会；锻炼学生的创新/创业能力；为学生提供勤工俭学的机会；为创新创业提供示范基地。
- "快递驿站"：分享收益。

经营模式和赢利模式

原先的模式首先是由快递公司发货,快递员送货至学校后,学生自行挑拣快件并进行签收。我们"**快递驿站**"**的模式**则是由驿站代替学生统一接收快递员送来的快件,学生可以在驿站的营业时间内来领取。

- 目前的收入主要是快递公司支付的代理费用(送件、寄件)。
- 快递公司的费用付出将远小于其获益。
- 快递公司可迅速扩大其业务量,提高服务水平,节约成本,提高竞争力。
- 将来的**赢利模式**或可扩展到衍生的服务。
- 将来可进行广告推广、数据信息服务、内容产品(服务)的代理,如礼品包装与设计、包装服务与包装材料出售等。

竞 争 分 析

- 高校准入障碍:项目具有垄断性。
- 高校学生的资源:项目市场稳定,永续增长能力。
- 快递公司面临业务增长与市场竞争压力:"快递驿站"具有侃价能力。
- 优质规范的服务/学生团队的优秀素质。
- 协同合作的集成智能系统:更快、更好、更多、更省、更高、更优。

作业管理

每天,在快递公司送来当天需要派送的快递后,驿站工作人员会检查每一件快递外包装的完整性,并分别在快递公司与驿站的交接本上签字确认。然后,我们按照手机尾号的分类方法摆件。每日驿站工作结束前,驿站工作人员将清点一整天的快递单。无论是派送的包裹、每天需要寄出的包裹还是当天未能派送完成的包裹,工作人员都会用扫描枪将该快件信息上传至快递公司的物流平台,做到每一件快递都有据可查。每日下班前,快递员会来领取当天需要寄送的快递,及时发货。

日常管理中,实行当日领班责任制。每个时段有2—4名员工,其中包括1名领班,这名领班的职责就是负责这一时段的工作统筹,对突发状况进行有效的处理。如果当天盘点时发生问题,比如资金或者快递单丢失等问题,需要由领班承担责任,再由领班向当时在岗的工作人员追偿。

风险防范

- 本项目没有市场风险导致的财务风险。
- 安全风险:快件遗失、误发、冒领、失窃。
- 防范措施:现场摄像记录保留一周,规范作业流程,扫描、记件核对,签收、代领授权。

- 将实行智能化管理：邮件查询、跟踪、回溯，进一步智能化系统，提供大数据，进行数据挖掘。
- 大数据分析可衍生服务与产品，以提高效率。

项目运营现状

"快递驿站"从2013年5月3日开业至今两月，已有5家快递公司入驻，分别为：圆通、申通、顺丰、汇通和全峰。其中，圆通、申通、顺丰和全峰都支持快递寄送服务。"快递驿站"目前平均日客流量约370人次，直接惠及延安西路校区6000多名师生。

市场发展与增长

- 模式复制：先行在上海高校/类似机构推广。
- 通过物流/快递终端的规模效应，建立起高校传媒平台和品牌，吸引更多广告。
- 亦可提供内容产品和服务。
- 建立上海高校快递服务联盟。
- 申请短信平台，使短信支出减少，搭建微信平台。
- 智能系统建设。
- 引入校外广告，增加广告收入，包括普通的平面海报和雨棚广告等，预计这些广告位可以为驿站带来可观收入。

（注：因涉及商业保密条款，有关数据仅作示例。）

品牌策略

- 品牌注册(包括商业模式):快递驿站。
- 品牌加盟连锁(扩展到所有高校)。
- 品牌特许经营:可拓展到礼品、文具、包装材料、物流服务等。

(略)

项目实现绩效/社会效益

- 对于接受服务的学生,可领取快递的时间段相比过去延长了9倍,寻找快递的时间从原有的10分钟缩短至只需2分钟。
- 对于快递员,"快递驿站"的出现同样改善了他们的生活与工作条件,使其等待时间由原来的1小时缩减为15分钟,减少75%以上,日成功派件数大幅提升。
- "快递驿站"的建立改善了学校由于快递随意摆放造成的杂乱环境,使校门附近从混乱中恢复了秩序,减少了安全隐患。
- "快递驿站"创造了至少30个勤工助学岗位,切实帮助经济困难的同学;同时,驿站的工作以超强的实践性使同学们在短期内快速提高人际交往能力、沟通能力以及独自处理突发事件的能力。
- "快递驿站"整合了快递资源,统一协调,帮助快递公司提高配送效率,使配送流程更加规范化,提高服务满意度,塑造良好的企业信誉。
- "快递驿站"为快递公司提供和扩大服务,包括将要开发的大数据。

项目收益/列表(收入损益表)(略)

- 收入部分:以目前"快递驿站"的规模,月平均派件量为11100件,按照向各个快递公司收取的每件0.6—1元不等的派件费用计算,月平均派件收入达8360元。寄件方面,对每件寄件"快递驿站"都会从各家快递公司给出的对外价格中抽取20%—30%的费用作为服务费,由此获得的寄件收入每月达千元。
- 支出部分:通过合理科学地调整每班的人员配置,使"快递驿站"能在不降低服务质量的情况下最大限度地降低人力成本。驿站在保证每班2人的基础上,在中午12:00—13:00,下午17:00—18:00各加派一名员工,将每月员工报酬支出控制在6540元以内。

(若商业化运作,则需列出至少5年的销售收入与支出明细。)

项目投入/资本构成(若商业化运作)(略)

- 学校提供场地与5万元驿站建设费用。
- 上海市大学生创新创业项目立项。
- 资本构成:合作方参资、风投、团队(另案)(亦以NPV或IPR计算资本效益)。

企业家和
创新创业精神

第 11 章

新产业革命和
新时代企业家精神

第 11 章 新产业革命和新时代企业家精神

> 人类决定建造什么并非基于大自然赋予人类的基本选项,而是通过创造新科技,重新改写世界历史。
>
> ——彼得·蒂尔、布莱克·马斯特斯:《从 0 到 1——开启商业与未来的秘密》

新产业革命比以往任何产业革命更深刻,影响更广,这是基于科学革命的新进展:对物质微小粒子和宇宙的探索,对生命和人类思想的认识等。

科学的发展为技术创新奠定了理论基础,为技术应用开辟了路径,更改变了人们对世界的认识和价值观,这将首先影响作为时代先驱的企业家。

11.1 新科学思想下企业家的世界观

人类文明早期的恶性竞争甚至自相残杀,是因为人类生存空间造成视界局限和资源及生存手段的有限性。这种动物性的"丛林法则"现今仍在起作用。不要认为现代科学进展会自然改变人类的愚昧,或让人自动弃恶扬善。人类对世界认识的深入与生存时空域的扩展，会首先影响作为社会精英的企业家或企业家中的佼佼者，并以他们的远见卓识、气魄、巧战略及成就，影响其他企业家和整个社会。

企业家虽然在创新之初可能多出于自利的本能，但是伟大的企业家必定是经历了世界观的升华。例如，基础物理学影响了人对宇宙（微观—宏观）的认识；生命科学影响了人对生命、自然的认识，对生命的价值、生活伦理和自身的认识；信息科学影响了人的知识、思想和社会关系。

11.2 "移动互联网+"和企业家思想

在互联网发展的初级阶段，人们将互联网当作一个平台、一种渠道、一种生产支持技术，因此所谓的"移动互联网思维"实际上仍是传统的抢夺、强权、霸占、垄断的资本威权思维，这种经济思维在非经济力量下会使垄断强权者得益。

以移动互联网为标志的新产业革命，不仅是一项通信信息技术、一个交流平台和渠道，它使人与人之间更加平等，使人的活动时域扩大，获得超时空、超边界的自由，强权的话语权垄断被打破，弱小群体的思想和诉求有了发表与溢出的通道，打通了另一种民主化的途径，也出现了另一类暴戾民粹形式；使人的相对关系地位发生了改变，颠覆了生产关系、社会关系，改变了人和组织在这种关系中的角色，或赋予个人、企业多个角色，或突显角色转换。

"移动互联网+"的新思维是基于上述平等、参与、共享，而不是强权、垄断、独占。

在移动互联网条件下,人为的藩篱和限制失效或弱化,时空界限消失,进出门槛低成本化,这使得大小企业、新老企业、个人与组织在获取与传播信息、面临空间资源利用和发展机遇时更趋平等。可转换的多重角色,更大的生存空间和网络结构(而不是食物链结构),使"参与"不仅可能,而且是不可或缺的,跨界——跨地域、跨行业、跨文化、跨功能、跨市场、跨技术等以及虚与实、实体与服务、商业与制造、线上与线下的结合将是移动互联网的主要趋势和特征,信息、资源、要素的共享是前提,而收益、价值、财富的分享顺理成章地成为结果。

平等、参与、共享的移动互联网思维与生存方式不仅是对产业链上下游而言的,也是价值网络治理的指导思想,涉及所有利益相关者,包括合作者、供应商、中介、顾客与消费者、相关与支持产业。

基于平等、参与、共享的"移动互联网+"思维,需要重新定义竞争力,重新思考竞争战略,创造创新的商业模式和赢利模式、营销策略和运营流程,重构核心竞争力。

示例 11-1 "二代"创业

在移动互联网时代,大学生是否为"富二代"或"穷二代"与创业和创业成功与否越来越不相关。

由于新产业革命时代的创业门槛越来越低,资本作为创业要素的比重在下降,可获得性和来源也越来越多。这种更公平的机会和更低的起步条件,有利于大学生众创的开展。

但是,家庭经济条件多少仍有些影响。家境贫困的学生虽受到资本束缚，但穷则思变，更有创业的冲动和脱贫致富的愿望。"富二代"中也有不少独立进取的创业者，有的甚至不愿继承父母现有的财富。他们受到前辈经商的熏陶，耳濡目染，更易入门且成功。更重要的是，他们依托父母的精神与物质资本，更有底气。

对于一些创投不敢介入的新兴事业，"富二代"创新型创业有实物资本和社会资本的先天优势。

11.3 从企业家到社会企业家

从资本家到企业家，这是社会的进步、世界市场的需要。这个时代更需要能将各种重要力量包容性地结合在一起的企业家，他们应更关注社会的共同利益，更善于利用社会资本，通过创新解开社会的症结，重构社会关系，从而释放"核"力量，施展"软"实力。这是当代企业家正在学习与践行的，虽然他们远不是完美偶像。这是企业家的目标，是企业家层次的提高。

新时代背景下，企业家事业活动领域的扩展引出了另一个定义：社会企业家。

本书至此讨论的企业家的其事业主要是营利性的，即他们的企业以营利为目的。社会企业家的企业则是介于非营利组织与营利组织之间的，即通过公益项目实现社会利益目标，从而达到企业的赢利目的。比如，通过技术创新，实现废弃物的处理和利用，解决和改善社会环境，使社会公众获益。

社会企业通过这类事业实现创新价值，积累实物与非实物资本、有形与无形资产,并复制这种模式,扩大规模或投资于新的领域,创造新的价值。

区别于为政府提供公共产品和服务的营利企业和机构,也区别于非营利性组织(NGO这类企业的活动受到限制),社会企业有更多的创新活动空间,有更多的将资本与要素结合的自由和机会。

当前仍有很多关于社会企业和社会企业家的争议,争议的存在说明在营利性的企业与非营利性组织之间存在着一个结合区域和巨大的发展空间,特别是人类活动和非经济活动的扩大。

示例11-2 "欧洲社会创新教父"麦克·诺顿:用商业的方式做公益,你想试试吗?

社会企业是一种介于商业企业和公益组织之间的新型组织形态,提倡应用市场手段和创新方法解决社会需求,同时具备了公益和商业的特征。

如果说NGO追求的是社会效应、社会影响以及讲究对具体难题的解决,那么社会企业明确追求利润。它更是一种中间角色,一方面要为某种社会需求提供服务,提高公共福祉;另一方面又要挣钱生存下去,或仅靠自负盈亏,或靠一些混合的资助和其他收入来源。社会企业有时候旨在赢利,有时候维持收支平衡即可。

社会组织可以有商业属性,而商业和企业也可以发挥社会影响。社会企业就是在一个以社会和企业为两端的阈值间浮动的,但是不管是否赢利,都必须寻求社会影响。

其实,社会企业和NGO没有明确的区别,NGO需要钱的时候就想办

企业家和创新创业精神

法去募资,社会企业需要致力于赢得市场和销路。但是,社会企业也可能得到政府补贴或资助,这个不能一概而论。

——摘自《第一财经日报》2015年6月25日

11.4 技术范式的颠覆性革命——企业家的创财源泉

新产业革命中产生大量的颠覆性技术范式革命,衍生出大量的应用,是支持企业家创新和催生企业家经济的铺路石,是创业的源泉。

超结构微尺度的材料技术、纳米、石墨烯、准晶体不仅提供了有奇妙特性的材质,也可能改变数字集成技术中储存、运行处理芯片技术,将数字器件提高到新的能级和集成度,进而影响生命、人工智能的运用以及能源、环境与气候的研究等。

基于移动互联网的通信技术,使人工智能、大数据云计算成为可行性应用,并渗透于工业制造、可穿戴智能产品等方面。将计算芯片、高性能传感器、智能手机连接在一起,就是全新的"物联网"概念,而将这些组合成可穿戴的智能产品就可应用于健康监护、安全交通管理、时尚设计等。

能源革命永远是产业革命的标志,化石能源以外的可再生、可循环、可持续清洁的新能源和能源应用技术既是需要攻克的难题,包括基础理论、材料装备技术,又是新产业领域的创新机会。这其中不仅有技术,还涉及分布式能源的体系管理等。

新产业革命不仅是技术革命,如环境科学,更是综合的学问,不仅仅是被动地解决环境污染问题,或为了清洁所作的不得已的投入与必要的成本，也不只是技术与产品。"城市绿带"的概念美化了城市，维护了公众的健康，创造出新的经济增长点，也优化了现存的城市体系和生产生活布局。

生命科学（包括认识人类本身）是人们探索认知最为艰巨困难的领域，也是应用最为广泛、与人类本身休戚相关（如医药、生命健康）的领域；既是实实在在的人类劳动、生产的对象（如食物、天然纤维），又涉及人与自然、物质生命与精神生命、伦理与道德等（如生命的克隆、转基因、人造器官、生命筛选优化、人工生命干预等）；既可能是科学的进步，又带来了极大的思想挑战与打开潘多拉魔盒的不测和风险。

总之，新产业革命在企业家面前展现了无限的机会和空间，也考验着企业家的智慧、才识、能力和决断。新产业革命下，人类需要有思想的企业家或企业思想家。

11.5　国际化企业家的空间

移动互联网打破了时空界限，这使得创新创业的活动时域无限扩大，使得创业的市场空间更加广阔。

创新创业的时空

移动互联网使得信息、资本、知识等要素的流动与重组更加顺畅、高效、低成本。

这使得跨国界、跨地域的创新智力人才的交流、合作成为可能，使得跨界协同创新变得简单与平常，使得创新随不同环节的各种组织与个人及其拥有的各种创意、技术、系统的集成而更全面、完善、快捷。

这使得跨国界、无国界的创意、研发、制造、商业化的创新创业活动更加高效和充满活力。

企业家的市场舞台

移动互联网的跨时空特点（扩大时空域，缩短时空距离），以及在移动互联网条件下更平等、更自由、更民主地参与分享、合作的本质，使得环球同此凉热，理想更趋现实。

移动互联网已在全球迅速传播，其速度、范围和影响力远超历经一百多年的电话网络。

移动互联网的产品与服务以及数据技术（DT）应用，如移动通信和网络平台、大数据和云计算，更是无限地膨胀，快速在全球传播。甚至在大部分欠发达国家和贫穷国家，这些产品与服务已成为"生活必需"的一部分。

借助移动互联网平台的各种产品、服务、视频、音乐、图片以及实用产品，也得以在全球创造无限商机。

移动互联网的悖反律——由于不断创新带来的新的产业资源差别和在不断创新拓展中弥补这种由移动互联网带来的市场冷热差别——给企业家带来一个创新创业的全球舞台和无限创新的契机。

参 考 读 物

1. 〔英〕罗纳德·哈里·科斯、王宁:《变革中国:市场经济的中国之路》,徐尧、李哲民译,中信出版社2013年版。

2. 〔美〕沃尔特·艾萨克森:《史蒂夫·乔布斯传》,管延圻等译,中信出版社2011年版。

3. 〔美〕彼得·德鲁克:《创新与企业家精神》,蔡文燕译,机械工业出版社2009年版。

4. 张维迎、盛斌:《企业家》,上海人民出版社2014年版。

5. 〔美〕斯塔夫里阿斯诺:《全球通史——1500年以后的世界》,吴象婴、梁赤民译,上海社会科学院出版社2002年版。

6. 〔美〕本·霍洛维茨:《创业维艰:如何完成比难更难的事》,杨晓红、钟莉婷译,中信出版社2015年版。

7. 〔美〕埃里克·莱斯:《精益创业——新创企业的成长思维》,吴彤译,中信出版社2012年版。

8. 〔美〕彼得·蒂尔、布莱克·马斯特斯:《从0到1——开启商业与未来的秘密》,高玉芳译,中信出版社2015年版。

9. 〔美〕泰勒·考恩:《大停滞?科技高原下的经济困境:美国的难题与中国的机遇》,王颖译,上海人民出版社2015年版。

10. 许知远:《转折年代——美国著名学者眼中的世界走向》,浙江人民出版社2002年版。

11. 〔美〕约瑟夫·熊彼特:《经济周期循环论:对利润、资本、信贷、利息以及经济周期的探究》,叶华编译,中国长安出版社 2009 年版。

12. 〔美〕里德·霍夫曼、本·卡斯诺查、克里斯·叶:《联盟——互联网时代的人才变革》,路蒙佳译,中信出版社 2015 年版。

13. 〔美〕艾伦·格林斯潘:《动荡的世界》,余江译,中信出版社 2014 年版。

14. 〔日〕原研哉:《设计中的设计》,纪江红译,广西师范大学出版社 2010 年版。

15. 周俊、王拥军:《马克·扎克伯格传》,华中科技大学出版社 2013 年版。

16. Thomas S. Kuhn, The Structure of Scientific Revolutions(4th Edition), The University of Chicago Press, 2012.

17. Michael Storper, Keys to the City: How Economics, Institutions, Social Interaction, and Politics Shape Development, Princeton University Press, 2013.

后　　记

企业家及企业家精神的概念一开始就带着深深的时代印记。

两个半世纪之前，伴随着第一次工业革命和创新爆发期，"企业家"（entrepreneur）出现在法文字典中并成为经济学词条；一个世纪前，又一波创新潮将人类带出自由资本主义造成的社会产品过剩的困境，开创了企业家经济；半个世纪前，计算机和信息技术造就了新经济，企业家群体在世界范围内出现，将人类文明引入后工业化时代。

企业家总是在社会充满冲突、矛盾的反常态阶段和科技创新爆发期大量涌现，社会困境倒逼社会变革，挑战激励了企业家，科技创新启发了企业家，他们把创新转变为市场价值和经济动力，引领人类社会迈过一道道坎，走向文明新高度。

我们正处在这样一个百年一遇的新时代：挑战的时代、创新的时代，处在一个企业家精英群体辈出的新阶段。当前社会环境的复杂性、社会变革的深刻性、创新活动的广泛性都是以往所不能比拟的，创新潮一波接着一波。企业家的创业从资本威权时代的"大亨独创"转变为后来的"精英群创"，到现在的"大众创业、万众创新"。人们把企业家称为"企业思想家"：他们不仅需要创新的灵感、经验的直觉、执着的践行，更需要深刻洞察与敏锐思辨。

只有认识企业家的时代意义，才会摆脱"愤青"式的抱怨、民粹主义的责难。生活在这个时代实在是幸事——尽管每个人的境遇不一样，只有认识创新创业精神的阶段特征，才会更多地担当，才会有建设性的贡献——不管是作为企业家还是其他角色。

尽管笔者有十多年教授与创业相关的课程、指导学生创业以及给企业做咨询和战略规划的经历，学习总结了许多企业家的创新创业经验，但是自己并没有创业经验，创业学也不是个人专长，虽有创业导师证书，却不敢自称创业导师。应该承认，新一代企业家的创新实践远比理论丰富，而在写作本书的过程中，一些观点与示例已经滞后了。这不仅是个人的学识所限，也是企业家议题的特点。

谨将本书献给新企业家、准企业家、经济管理者、教育工作者、职业管理者、政策制定者，作为参考或批评的"标靶"。

本书是大学生创新创业教育系列教材之一，但不是只讲大学生创业。本书讨论企业家与企业家精神的实质内涵，但不是只讲创业的"应知应会"，不是只给创业大学生读的。换言之，不认识企业家及企业家本质而去理解大学生创业，就会将大学生创业教育当作解决就业的权宜之计。这是功利主义的短视，低估了大学生创业的意义，更忽视了企业家精神的时代意义。

特别感谢"管理创新实践成果项目"和"企业家工作坊"提供的大量素材，虽然一些有意思的创新案例由于各种原因而无法直接引用与展示，但是对本书的贡献是巨大的。

感谢曹利群、陈彩霞、张霞所做的大量文案工作，她们的关照与帮助让本书的写作变得开心与轻松。

顾庆良

2015.12